www.ingramcontent.com/pod-product-compliance
Ingram Content Group UK Ltd.
Pitfield, Milton Keynes, MK11 3LW, UK
UKHW061657190726
13853UKWH00008B/2254

9 789960 206936

سلسلة الأوائل للفتيان

# أولُ مَنْ لُقِّب بأميرِ المؤمنين
# عمر بن الخطاب رضي الله عنه

بقلم

محمد ثابت توفيق

مكتبة العبيكان

ح مكتبة العبيكان، ١٤٢١هـ

فهرسة مكتبة الملك فهد الوطنية أثناء النشر

أول من لقب بأمير المؤمنين عمر بن الخطاب، لجنة التأليف والترجمة بمكتبة العبيكان ـ الرياض.

٧٣ص، ١٧×٢٢ سم (سلسلة الأوائل للفتيان)

ردمك: ٩-٦٩٣-٢٠-٩٩٦٠

١- عمر بن الخطاب ابن نفيل ٢- الصحابة والتابعون.

أ - العنوان ب- السلسلة

ديوي ٩،٢٣٩ ٢١/١٨١٥

ردمك: ٩-٦٩٣-٢٠-٩٩٦٠ رقم الإيداع: ٢١/١٨١٥

**الطبعة الأولى**

**١٤٢١هـ / ٢٠٠٠م**



**الناشر**

**مكتبة العبيكان**

**الرياض ـ العليا ـ تقاطع طريق الملك فهد مع العروبة.**

**ص.ب: ٦٢٨٠٧ الرياض ١١٥٩٥**

**هاتف: ٤٦٥٤٤٢٤، فاكس: ٤٦٥٠١٢٩**

بسم الله الرحمن الرحيم

# الفصل الأول
# رجلٌ شديد القوة

## رجلٌ تعرفُه قريشٌ كلُّها.

في الجاهلِيَّة قبل بعثةِ الرسولِ العظيمِ، وقبلَ أن يعمَّ نورُ الإسلامِ الكون كلَّه، فمنهُم من عُرفَ لشدَّة جمَاله، وأصلِه العَالي، ونسبِه الرفيع، ومنهُم من انتشَر ذكرُه فيها لحسْن خلقُه، وأدبِه الشديد، وحكمتِه في التصرُّف، ودرايته بأخبارِ الناسِ، أما الرجلُ الذي نتحدثُ عنهُ الآنَ فلقدْ عرفَ لسببٍ آخرَ إذْ إنه كانَ رجلاً يمتازُ بالقوة الشديدة، ولا يجرُؤ أحدٌ على الوقوفِ أمامَه[1].

لقدْ كانَ واحداً من الرجالِ الذينَ تفتخرِ بهم قريشٌ وتدَّخرُهم للمهَامِّ الصعبةِ، والحروبِ القاسيةِ، أما عن المكانِ الذي كانَ يسكُنه، فلقدْ اتخذَ من الجبلِ بيتاً يقيمُ فيه، وكان اسُم الجبلِ عاقراً ثم نُسبَ إليه بعدَ ذلك فصارَ اسمهُ جبل عمر، لذلك عرفَه الناسُ فظاً غليظاً قوياً في معاملته لهم[2].

## اسمه.

إنه عمرُ بنُ الخطابِ بن نفيْل بن عبدالعزَّى، من قبيلة بني عدِيّ وأمُّه

(١) سيرة ابن هشام - جـ ١ - ص ٢٩٤ - مكتبة شقرون.

(٢) العشرة المبشرون بالجنة من طبقات ابن سعد - ص ٥٨ - الزهراء للإعلام العربي.

حَنْتَمة بنتُ هاشِم بن المغيرَة بن عبدِالله بن كمر بن مخزوم فلقد اجتمَع له من الأصلِ الشريفِ ما يُحسَد عليهِ.

## صفاته.

أما عنِ الصفاتِ التي تميزَ بها عمرُ فليس من السهلِ أن ينسَاهَا مَنْ عرفَه ولو مرَّةً واحدةً! فهوَ رجلٌ مجدولُ اللحْم سمينٌ، يميلُ لونُ وجهِه إلى الحْمرَة، غليظُ القدمينِ والكفينِ، مع طولٍ شديدٍ في قامتِه أعطاه شموخاً جعلَه أقربَ إلى العمْلاقِ، كما كان عريضَ المنكبين - ما بينَ الكتفينِ -، ومن يملك هذه الصفات كان من الصعبِ أن ينساهُ من قابله مرَّة، وحتى الذي لم يقابلْه ولم يسبقْ له أن تعرفَ بهِ لمْ يكنْ يخفى عليه عمرُ وكيفَ وهو المميزُ إذا سارَ بينَ الناسِ فهوَ أعلاهم رأْساً منْ فرطِ طُولِه.

وبتلكَ المميزاتِ الجسمية التي وهبها اللُه لهُ كانَ عمرُ لا يخافُ في حياتِه من أحدٍ قط، مهما كانَ، ولم تمرُ به لحظةُ اضطرابِ أمَام أي حدثٍ مهمَا عظمَ، ووصفَه الذينَ عرفُوه بأنهَّ إذا تكلَّم أسمَعَ، فصوتُه قويٌّ عالٍ كافٍ لأن يُسمعَ الناسَ من المرةِ الأولىَ، وهو أيضاً: إذا مشى أسرَع سريعٌ في خطواته، إذا مشَى لمْ يتمهل، ولمْ يتأخر، كذلكَ فإنَّه: إذا ضربَ أوجع، أمَّا إذَا امتدتْ يدُه بالضربِ فإنه يوجعُ مَنْ يضربُه، وإنه رجلٌ مميزٌ في كل أفعالِه. قدْ ورثَ من طِباع أبيهِ شدةً لا تعرفُ الضعفَ، وقدرةً على اتخاذِ القرارِ

السريعِ الحاسِم الواضح في أبسطِ الأمورِ وأسرعِها في سرعةٍ لايداخلُها ترددٌ، أما عن هدفِه فإنَّه واضح أمام عينيهْ ولا يقبلُ غيْرَهُ.

عرفَ عنه الناسُ كلَّ ذلكَ، وعرفُوا أنَّه قَويُّ الشخصية، لا يضعُ نفسهُ ولا يخطُو بقدميْه إلا في المكانِ الصحيحِ المناسبِ، لذلك قدروُه واحترمُوه، بل خَافوه(١).

## موقفُ عمرَ من الإسلامِ.

بعثَ اللهُ رسُوله الخاتمَ محمداً بالخيرِ للناسِ، وأذنَ لنورِ الإسلامِ أن ينتشرَ في الكونِ كلِّه، لكنَّ قريشاً ما كادتْ تعلمُ بهذهِ الحقيقةِ حتى ثارتْ وصممتْ على محاربةِ الرسُول العظيمِ حتَّى النهايةِ، وكانَ عمر بن الخطاب واحداً من أهل مكَّة الذين عادوا المسلمين بل يقالُ: إن معاداته تكادُ تتساوَى مع معاداةِ أهل مكةَ جميعاً! وكانتْ مواقفُه لا تُبَشّرَ بإسلامه أَبداً.

ومرتِ الأيامُ والمسلمونَ يعانون الأذى الشديدَ، وفيهمْ الضعيفُ الذي لا يستطيعُ ردَّ العذابِ عن نفسهِ، والمشركونَ لا يرحمونَ واحداً من المسْلمين يقعُ بين أيديهمْ لفقرِه، أو ضعفهِ أو بعدهِ عن أهلهِ، حتى لقدْ توفيتْ الصحابيةُ السيدةُ سميَّة تحت شدَّة التعذيبِ، وذاقَ ابنُها وزوجُها من فنونِ الآلامِ ما كانَ يذهبُ عنهُما العقلَ، وكثيرٌ غيرهمْ من الصحَابة الذين عُذبُوا،

(١) خلفاء الرسول ـ خالد محمد خالد ـ ص ١٢٢ ـ دار الفكر.

فلما رأى الرسُول ما عليْه أصحابه من الضعفِ، أمَرَهُم بالهجرةِ إلى الحبشة لأنَّ فيهَا ملكاً عادلاً لن يظلمهُم، وخرجَ الصحابةُ من مكةَ مُهاجرين، هَاربين بدينهمْ من ظلمِ المشركينَ وتعذيبهمْ.

## موقفٌ طريفٌ.

كانتِ الصحابيةُ أمُّ عبدِالله بنت أبي خيثمة إحدى المهاجراتِ قد خرجتْ سراً هي وزوجُها عامر، كيْ لا يعلَم بخروجهمَا أحدٌ من أهلِ مكةَ فيمنعهمَا، وهما من المستضعفينَ الذين لا يملكُون ما يدافعُون به عن أنفسهم، وبينمَا هما في الطريقِ إذ ذَهب زوجها إلى أمرٍ يخصهمَا، وفي حين غياب زوجها جاءَ «عمرُ» وكانت «أم عبدالله» تعرفُه حق المعرفةِ لأنه كان يؤذيها هي وزوجها في الجاهلية أذىً شديداً، ولعلها حينَما رأتْه خافتْ منْه، بينمَا وقفَ هوَ أمامها متسائِلاً:

- إنهُ الانطلاقُ يا أمَّ عبدالله؟.

هل هو الخروجُ من مكةَ؟ كذا تساءَل، فقالتْ أمُّ عبدالله:

- نعمْ واللهِ، لنخرجَنَّ في أرضِ اللهِ، آذيتمونَا وقهرتمونا، حتى يجعَل اللهُ لنَا مخرجاً.

بلسانٍ بليغٍ أجابتْ الصحابيةُ الجليلةُ، وبصراحةٍ ووضوحٍ قالتْ له نعمْ ثم

وضحَت أنها ستخرجُ هي وزوجُها، قبلَها أقسمتْ بالله أنهمَا سيذْهبان في أرضِ اللهِ، لأنَّ قرْيشاً ـ وفيها عُمر ـ قد تسببتْ في إيذائها والمسلمينَ، ولقد عذبتهُم عذاباً شديداً أشعرهم بالظلمِ لذلكَ ستخرجُ حتى يأذنَ اللهُ لهَا ولزوجها وللمسلمينَ جميعاً بالفرجِ، ويُوجِد لهمْ مخرجاً مما همْ فِيه، ولقد استولت عليها الدهشة الشديدة عندما أجابها «عُمر» في رحمةٍ لمْ تتعودْها منْه:

– صحبكُم اللهُ.

تقولُ الصحابيةُ الجليلةُ:

– ورأيتُ له رقةً لمْ أكنْ أراهَا، ثم انصرفَ وقدْ أحزنهُ ـ فيمَا أرى ـ خروجُنا ـ لقدْ شاهدتُ منْه للمرةِ الأولى رقَّةً في الردِ، وتأثراً في نفسهِ لحالهَا هي وزوجُها، فبدا على ملامِحه حزنٌ عليهمَا. فهما يخرجَان وما معهُما شيءٌ يذكرُ، ويتركَان وراءهُما كلَّ مالهُما؛ ذلكَ لأنهمُا اختارا عدم التخلي عن دينهما، والاستجابة لضغْط المشركين عليهِما، هذه الرقةُ، وذلكَ الحزنُ اللذان ظهَرا على عُمر ورأتهْما أمُّ عبدالله كانَا واضحين، ولكنَّها لم تصدقْ نفسها فهما صادران عن عُمر الذي اشتَهر بالشدَّة، وما عرفته أم عبدالله نفسُها إلا قاسِياً عليْها، معذِّباً لهَا، وها هِي تراهُ في موقفٍ مختلفٍ تماماً، أفلا يَحق لَها أن تشكَّ فيمَا ترى، ثم إِنها انتظرتْ حتَّى عادَ زوجُها، وقدْ قضَى الأمْر الذي كانَ قد ذهبَ إِليه، فقالتْ لَه:

- يا أبا عبدالله، لو رأيت عُمرَ آنفاً - سابقاً - ورقَّته وحزنه علينْا.

إنهَا تخبرُ زوجَها عامراً بما حدَث، تتمنَّى لو أنه كانَ معَها منذ قليلٍ حينمَا كانَ عُمر موجوداً، فرآهُ، وشاهدَ رقَّته وحزنَه لحالهِما. فقالَ زوجُها:

- أطمعتِ في إسلامهِ؟.

لقد استشفَّ بين كلماتِها أمراً، لقدْ علم أنَّها رأتْ في عُمر رقَّة وليناً فأرادتْ أن يهديه اللهُ إلىَ طريقِ الرحمةِ والرفقِ، إلى دينِ الرقَّة واللِّين، إلى الإسلامِ، سألها زوجُها في تعجب واستِنكار أطمعْت في إسلامهِ أطمعتِ، لفظ يدلُّ على استبعادِ إسلامِ عُمر بن الخطاب تماماً، وحينَما قالتْ له زوجُه:

- نعمْ.

ردَّ عليها بما يفيد استحالة دخول عمر في الإسلام، وهنا تعلل أمُّ عبدالله قولَ زوجهَا بأنَّه:

- يئس منه لما كان يَرى من غلظَته وقسْوته على المسلمين(١).

لأن عامراً كان ينظر إلى عمر وفي رأسه الصورة القديمة المترسخَة لديه عنه، صورة الرجل الغليظ الطبع، القاسي المعاملة، الشديد على المسلمين، قال عامر ذلك ولمْ يدرِ ما ادخرَه اللهُ في علمِ الغيبِ لـ عمرَ بنِ الخطابِ.

---

(١) سيرة ابن هشام - جـ ١ - ص ص ٢٩٤، ٢٩٥.

## دعاءُ الرسولِ العظيم.

وهاجَر مَنْ هاجَر من الصحَابة إلى الحَبشَة، وبقي من المسلمينَ في مكةَ عددٌ غير قليلٍ يعاني، وتلفتَ الرسولُ حولَه ـ يشاهِد أحوَال صحابتهِ ـ ويشعُر بالحزنِ الشديدِ عليهمْ، ويرجُو لهُم الخلاصَ مما يلاقونَه من العذابِ، وتلفَّت الرسولُ العظيم حولَه ناظراً في المشركِين راجِياً أن ينْعم اللهُ على أحدٍ أقويائِهم، فيكونَ بإِسلامهِ حامياً للمسلمِين، وما وَجَد الرسُول هذه الصفَةَ متوافرة إلا في أحدِ رجلين: عمرو بن هشام أو عمر بن الخطاب فكانَ الرسولُ العظيم إذا قابلَ أحدَهُما قال:

ـ اللهم اشددْ دينكَ بأحبِّهما إليكَ.

هذا الدعاءُ الكريمُ من الرسولِ لربِّه أن يُقَوِّيَ الإسلامَ بدخولِ أحبِّ الرجلين إلى اللهِ، والرسولُ ـ كما نعلم ـ مستجابُ الدعاءِ.

وفي مرةٍ ثانيةٍ دعَا الرسول فقال:

ـ اللهمّ أعزّ الدّين بعمر بن الخطاب.

وكان الرسولُ العظيم ـ بمعرفتهِ بدقائقِ الأنفُس، وبطبيعَة من حولَه من الرجالِ ـ يعلَم أن عمرو بن هشام ـ الذي يُكَنَّى بـ أبي جهل ـ رجلٌ لا خيرَ فيه، وأن طبْع نفسِه القاسِي العنيف قدْ رُكبَ على غيرِ نفس، أو رحمة، وكانت أفعال أبي جهل تُصَدِّقُ رؤيةَ الرسُول فهو لا يزدادُ مع الأيامِ غيرَ قسْوة، وسوءِ

طبعٍ، وقدَّر اللهُ أمراً لديْه، فكانتْ هذه الدعْوة من نصيب عمر بن الخطاب، حيث استجاب الله لدعوة رسوله بقوله:

- اللهمَّ أعزّ الدين بعمر بن الخطاب(١).

## عمر القوي.

خصَّ الرسولُ بهذا الدعاء عمر لأنَّه القويُّ في صفاتِ جسَده، حتى أنه كانَ يمسكُ الحصَان بيدِه اليمنَى، من أذنه اليسرىَ، فلا يستطيعُ أن يتحركَ من مكانِه حتى يقفزَ عليْه راكباً، فيخيَّل لمن يَراه فوقَه، شديدَ التحكمِ فيه، على قوةِ الحصَان!.

وعمر علَى ذلكَ كانَ رصِينا، شديدَ العقلِ، لمْ يكنْ كأبي جهل بل إنه يحدثُ عن نفسِه في تلكَ الفترة فيقول:

- ما داعبتُ أمةً، ولا جالستُ إلا لُمَة، وما دأبتُ إلا في حملِ جريرة، أوْ خيلٍ مغيرةٍ(٢).

إنه يقول إنه ما عرفَ اللهوَ الذي كان يعرفُه أمثالُه من الشبَاب، وأمثالُ أبي جهل من قليلِي العقل، فما سعَى ليلاعبَ امرأةً لا تحل له، وما جالسَ إلا صاحبًا مقارباً له في السِّن والخبْرة، وما اعتادَ الاشتراكِ إلا في مواسَاة صاحبِ

---

(١) العشرة المبشرون بالجنة من طبقات ابن سعد - ص ٥٩.

(٢) أحلى السمر في سيرة - عمر - محمد إبراهيم سليم - ص ١٣ نقلاً عن البيان والتبيين.

جنَاية أو ذنبٍ كبيرٍ، للتخفيف عنه، أو في الاشتراك في معركَة فيها الخيلُ هاجَمة وهو في المقدمةِ.

هذه هي صورة عمر الكاملة في الجاهِلية رسمَها لنفسه بنفسه بصدقٍ ومن أجلِها اختارَه الرسُول وأصابتْه دعوتُه العظيمَة، فكانتْ في محلِّها.

## عمر يريد قتل الرسول.

كان الرسُول وأصحَابه ممن لم يهاجرُوا إلى الحبشَة يجتمعُون في بيتٍ عند الصَّفا كان عددُهم قريباً إلى الأربعِين، فيهم الرجالُ، وفيهم النساءُ وكان من بينهمْ فاطمةُ ابنةُ الخطابِ أختُ عمرَ وزوجُها سعيدُ بنُ زيد قد أسلما، وتعودا الذهابَ إلى تلكِ الدارِ لتعلُّم القرآن، والجلوسِ إلى الرسولِ العظيم ولكنهما أخفَيا خبرَ إسلامِهما عن عُمَرَ خوفاً منه وتجنباً لأذاه.

وحدثت عمر نفسُه ذاتَ يوم بأمرٍ عجيبٍ، فأخذَ سيفَه وخرجَ من دارِه فقابلَه نُعيم بنُ عبدالله وهو رجلٌ أسْلَم ولكنه كان يخفي إسلامه خوفاً من قومِه، سأل نعيم عمر:

- أين تريد يا عُمر؟.

يريد أن يعلَم منه اسم المكانِ الذي يريُد الذهابَ إليه، فقالَ عمر:

«أريدُ محمداً هذا الصابئ، الذي فرقَ أمرَ قريشٍ، وسفَّه أحلامَها، وعابَ

دينَها، وسبَّ آلهتها، فأقتلَه».

الرسُول يريدُ له الهدايَة، ويدعو اللهَ كي يرشدَه إلى الخيرِ الوفيرِ الإسلام وهو يريدُ قتلَ الرسُول، وتحدثُه نفسُه بما يتناقَله كبارُ المشركين من أباطيلَ وأكاذيبَ يخدعون بها أنفسَهم، ويبررُون ضلالَهم عن اتِّباعِ الحقِّ والسيرِ خلفَ الرسولِ، امتلأت نفسُ عمرَ بما يردِّده المشركُون وخرجَ عازماً على قتلِ الرسول، ولما سمعَ منه نُعيم هذه الإجَابَة قال له:

- والله لقد غرتْك نفسُك من نفسِك يا عُمر، أتُرى بني عبدمناف تاركيك تمشِي على الأرضِ وقد قتلتَ محمداً! أفلاَ ترجعُ إلى أهلِ بيتِك فتقيمَ أمرهُم.

يخبره نُعيم بالحقيقَة، فعُمر الآنَ قد أخذَه الغرُور وهو لا يدرِي، ثم يسأله كي يوضِّحَ له حقيقَة الأمرِ، وهلْ يتوقَّع بعد أن يقتُلَ الرسُول أن يتركه قومُه يحيَا وقد قتلَ واحداً منهُم؟ إنه يسألُ مستقبحاً ما يريدُ أن يفعلَه، يسألُه ولا يطلبُ منه إجابةً لأنهُ يعاتبُه بالسؤَال، ثم يوضحُ له حقيقَةً أخرَى قد غابتْ عنه إذ يشيرُ عليه بأن يرجعَ إلى أقربِ الناسِ إليه أهل بيتِه فيتصرفَ معهُم أولاً، قالَ عمرُ على الفورِ:

- وأيُّ أهل بيتي؟.

يتساءل عمر عمن يقصدُه نُعيم بكلماتهِ، ويجيبُه نُعيم قائلاً:

– ختنك ـ زوجُ أختِك ـ وابن عمِّك سعيدُ بن زيد بن عمرو، وأختُك فاطمةُ بنت الخطابِ، فقد ـ والله ـ أسلَما، وتابَعا محمداً على دينهِ فعليكَ بهمَا(١).

إنه يخبرهُ بالحقيقَة التي لا يعلمُها، فهو يريدُ قتْل الرسولِ لأنَّه يدعو الناسَ إلى الإسلامِ في حين أن أختَه وزوجَها مسلمَان. إنه يريدُ توضيحَ الأمر له فالإسلامُ هو دينُ الله، والرسُول على حقٍّ، والمشركُون الذين يطيعُ كلامَهم حتى الآن، هم الصابئُون الخارجُون عن الدينِ، والدليلُ أقربُ ما يكونُ إلى عمرَ نفسهِ، والدليلُ أن أختَه وزوجَها قد أسلَما.

## عودة عمرَ إلى أخته.

غضبَ عمرُ غضباً شديداً حتى وصلَ إلى الدارِ التي بها أختُه وزوجُها، ورجعَ والغضبُ قد ملأ عليه جوانبَ نفسِه، فلما وصلَ وجدَ عندهُما خباب ابن الأرت وهو أحدُ الصحَابة يعلمهُمَا آياتٍ من سورةِ طه فلما سمعُوا صوت عمر، أسرع خبابٌ بالاختفاءِ داخلَ الدارِ، وأخذتْ أختُه الصحيفَة فأخفَتْها أسفلَ فخذِها، وكان عمرُ قد استمعَ إلى صوتِ تلاوة خبابٍ حينمَا اقتربَ من الدارِ، فلما دخلَ عليهمَا قال:

– ما هذه الهينمة التي سمعتُ؟.

---

(١) سيرة ابن هشام ـ جـ ١ ـ ص ٢٩٥.

والهينمة هي صوت الكلام الذي لا يفهم، إنه يتساءَل عن الصوتِ الذي سمعَه قبل الآن ولم يفهمْه، فقالاَ له:

- ما سمعت شيئاً.

فقال عُمَر:

- بلى واللهِ لقد أخبرتُ أنكما تابعتُما محمداً على دينهِ.

وهنا كان الغضبُ قد ذهبَ بعقْله، فهو الذي يريدُ قتل الرسولِ العظيم يعرفُ وهوَ في الطريقِ إليْه أن أختَه وزوجَها قد أسلمَا، ويقالُ له ارجعْ إليهمَا أولاً فتصرفْ معهما - إن كانتْ لديك القدْرَة على تغييرِ ما بهما من إيمانٍ، وذلك الذي يخبره بهذه الكلماتِ هو نُعيم بنُ عبدالله مسلم يُخفِي إسْلاَمه، ويقصِد من كلماتِه معنىً آخَر، ذلك هو الذي زادَ من غيظِ عُمر، إنه يريدُ أن يبلغَه أن الإسلامَ هو دينُ الحقِّ، وأنه مَهْمَا فعَل فلن يستطيعَ أن يطفىء نورَ اللّه، أو أن يمنَع هدايتَه عن البشرِ، وإلا فَها هِي أختُه وزوجُها قد أسلمَا، فتصرَّف معَهُما، كانَ الغضبُ قد اشتَد على عمرَ حتى أن يدَه امتدتْ على زوجِ أختهِ بالضربِ، وأسرعتْ أختُه تدافعُ عن زوجِها، فضَربَها حتى شجَّ رأسَها، وسَال منه الدَّم، فلما فعَل بهمَا ذلكَ قالاَ لَه:

- نعمْ لقد أسلمْنا وآمنَّا بالله ورسُوله فاصنعْ ما بدَا لك.

إنها الشجَاعة في المواقِف الشديدةِ، عُمر قد تخلَّى عن اتزانِه، وكانَ

حتى هذه اللحظَة مشركاً لم يؤمنْ بالله بعدُ، ولكن حتى تقَاليد وعاداتِ المشركين تمنعُ أن يمدَّ الرجُل يدَه على امرأةٍ بالضربِ أو بالأذَى، ومن هذه المرْأة؟ إنها أختُه التي تربتْ معَه، وأحبَّها وأحبتْه، وكانَ له في قلبِها مكانةٌ خاصةٌ، وكانَ لها في قلبِه مكانةٌ عاليةٌ، إنَّهَا الأخوَّة، ينسَى عُمر ذلك كلَّه في لحظةٍ انفعَال وشدَّة ضيق، فيضرِب زوجَها، ويضربُها، فلا يملكُ إلا أن يصدمَاه بالحقيقةِ التي لم يصدقْها، ولا يجبُ أن يسمَعَها، لقد حاولاً أن يتقِيا شرَّه في البدَايَة، فلمَّا لم يفلحَا ما كانَ لهمَا إلاَّ أن يخبِراه بالأمرِ، بل زادَا فقالاَ له أن يفعَل ما يريدُ، فإنهُمَا لن يعودا عن الإسلامِ مهمَا حدَثَ.

قالت أختُه هذه الكلماتِ بينما الدمُ يسيلُ منها، ونظرَ عمرَ إليهَا فأحسَّ بالندمِ على ما فَعَل لها، وأخذتْه الرحمةُ، فتراجعَ عن موقفهِ الظالم لها ولزوجِها، وهدأتْ نفسُه، وذهبَ عنه غضبُه فقالَ لأخْته:

– هاتِ الصحيفَةَ التي سمعتُكم تقرأُون آنفاً أنظُر ما هذا الذي جاء به محمدٌ. يطلب من أخْته أن تعطيهُ الصحيفةَ التي كُتب فيها القرآن كيْ يقرأها، وكان عمرُ يعرفُ القراءَة والكتابَة.

## عمر يقرأُ القرآن:

قالت له أخْته بمنتَهى الجرأةِ والشجاعةِ في الحق:

– إنا نخْشاك عليها.

إِنَّ هذه الصحيفَة غاليةٌ عليهما لأنّ بها أغَلى ما في الحياةِ، لأنَّ فيها كلامَ اللَّه القرآن الكريم، تقولُ السيدةُ فاطِمة لأخِيها إنها وزوجَها، يخافَان على الصحيفَة منْه، فقالَ عُمرُ:

- لا تخَافِي.

ثم حلفَ لها بآلهتهِ ليردنَّها إليها إذا قرأَها.

هنا طمعَت أخْته في إِسلامهِ لما رأتْ حالَه، ورغبتَه في قراءة القرآن ومعْرفَة هذه الكلماتِ التي جعلت أختَه وهي من أقربِ الناسِ إليه تسلمُ وتتركُ دينَ آبائِها، بل وتتحملُ في سبيلِ ذلك الأذى صابرةً، مثْلها مثْل كل الصحابةِ الكرامِ.وأرادتْ أختُه أن تبدأ معَه من البدايةِ. كيْ تكون نفسُه مستعدةً للإيمانِ، فقالت له:

- يا أخي، إنك نجسٌ، لأنكَ مشركٌ، وإنه لا يمسُّه إلا الطَّاهر.

تخبرُه أن هذا القرآن الكريم عظيمٌ، ليس مثلَ أيّ كلامٍ اعتادَ الناسُ قراءَتَه وهم على أيّ حالٍ، بل يجبُ أن يتطهرَ بالاغتسَال كل من سيبدأُ في قراءته، وبلطفٍ تعلمه أن يتطهر أولاً قبل أن يلمس كلام الله.

فقام عمرُ فاغتسلَ ثم خرج، فأعطتْه أخته الصحيفَة وفيها آياتٌ من بدايةِ سورةِ طه، فلما قرأَ منها عمرُ بعضَها قال:

- ما أحسنَ هذا الكلامَ وأكرمَه.

فلمّا سمعَ هذه الكلماتِ منه خبَّاب بن الأرت الذي كانَ مختبئاً من عمر طول هذا الوقتِ خرجَ إليه، فقد أحسَّ أن هدايةَ الله بدأت تطرق قلبَ عمرَ، ولقد عرف فيه ليناً تجاه الإسلامِ لم يعرفْه منه من قبل فقال له:

- يا عمرُ: واللهِ إني لأرجُو أن يكونَ اللهُ قد خصَّك بدعوةِ نبيه، فإنِّي سمعتُه أمس وهو يقول: اللهمَّ أيدِ الإسلامَ بأبي الحكم بن هشام، أو بعمرَ ابنِ الخطابِ، فالله الله يا عمرُ.

يقول خبابٌ لعمرَ إنه ليرجُو أن تكونَ دعوةُ الرسولِ العظيم بهدايةِ أبي جهل أو هدايتِه، قد استجابَ لها الله واختارَه له، اختار أن يعزَّ به الإسلامَ، لقد دعا الرسُول بهذه الدعوةِ أمس وها هيَ البشارَة تتحقَّق اليومَ، وها هي بوادرُ الإيمانِ تظهرُ على عمرَ بوضوحٍ اليوم، ويراهَا خبابٌ رأْيَ العينِ في تغيرِ صفاته، في رقتِهِ حين قرأَ القرآن، في تبدلِ الشدةِ التي كانتْ ظاهرةً عليه، إلى اللطفِ في القولِ، والإنصافِ في الحكمِ، والاعترافِ بأن كلامَ الله، الذي قرأه لتوه الآن هو أحسنُ الكلامِ وأكرمُه، تلك شهادةٌ تصدر عمنْ؟.. عن عمرَ الذي أرادَ منذُ قليلٍ بعْد أن وسوست له نفسُه، وزينَ له الشيطانُ الرجيم، أن يقْتل الرسُول العظيم، ولا نتعجَّب من تغيرِ المواقفِ، لا نتعجبُ من قسوة عمرَ الواضحَة حين دخولهِ البيتَ على فاطمةَ أختِه وسعيدِ بنِ زيد

زوجها، تلك القسْوة التي جعلْته يعتدِي بالضربِ على زوجِها، وعندَما تدخَّلتْ لتدافعَ عنه، اعتدَى عليها هي أيضاً حتى شجَّ رأسَها من شدةِ غيظهِ حينَما علمَ بإسلامِها، تلك القسْوة التي جعلَت خباباَ بنَ الأرت وهو الصحابيُّ الشجاعُ يتركُ مكانهَ بعيداً عنه، لا نتعجَّب حينما نرى عمرَ بعد دقائقَ وقد اغتسل وأمسَك بالصحيفةِ التي كُتبَ فيها القرآن الكريم فما كادَ يقرؤُها حتى انفتحَ لها قلبُه وأحسَّ بها تلمس شغَافَ نفسِه، وكيفَ لا، وهو يقرأُ للمرة الأولى أعذَب الكلماتِ وأفضلِها، وأروعِها، لا نتعجَّب فإنها الهداية ينعمُ بها اللهُ على من يشاءُ من عبادِه، ولقد أرادَ اللهُ الخير لعمر، فاستجابَ لدعوة رسُوله العظيم، استجابَ لها بسرَعة، فلم يمضِ يومٌ حتى جاءَ، وغيرَّ من خط سيره فبدلاً من أن يذهبَ إلى الرسُول عازماً على الشرِّ، يشاء اللهُ أن يقابِل نُعيم بن عبدالله وأن يكون نُعيمٌ قد أسلَم وعمرُ لا يعلَم بذلك فتغير كلماتُ نُعيمٍ من خطِّ سيرِ عمرَ وتجعلُه يعودُ إلى دارِه بدلاً من مواصلَة طريقِه حتى دار الرسُول، يذهب إلى دارِ أخته عازماً على ما كان قد أرادَه من قبلُ، وفي دار أختِه تكون نهايةُ المطاف، إذ تلمسُ كلماتُ اللهِ قلبَ عمرَ ليتحقق قدر الله لعمر.

## عمرُ يسألُ عن مكانِ الرسُول العظيم.

فقالَ له عندَ ذلك عمرُ:

- فدلني يا خباب على محمد حتى آتيه فأسلم.

نعم.. عمر يطلب من خباب أن يرشده إلى مكان الرسُول العظيم حتى يذهبَ إليه فيعلنَ إسلامَه، ولنتذكرْ آخرَ كلماتٍ أخبرَه بها خبابُ، لقد قال له:

- اللهَ. اللهَ يا عُمر.

إنه فرحٌ، شديدُ السرورِ لما يجدُه من تغيرٍ في شخْصية عمرَ، إنه معجبٌ به، لأنه يراه يبدأُ المسيرَ الصحيحَ، في طريقِ الإيمانِ، إنه خبابٌ المؤمنُ المخلصُ لدينِه المحبُّ للخيرِ، يتمنَّى أن يهديَ اللهُ جميعَ عبادِه إلى الخيرِ، ويفرحُ أشدَّ الفرحِ لهداية إنسانٍ إلى الخيرِ، وأيُّ إنسانٍ هو؟ إنه عمرُ، الذي دعَا له رسول الله، ومن شدة إعجابِ خبابٍ بالتغيُّر الذي طرأ على عمرَ نطقَ لسانْه من كثرةِ جمالِ الموقفِ:

- اللهَ اللهَ يا عمرُ.

وكان اللهُ قد قدَّر الخيرَ لعمرَ فما أن أنهَى خبابٌ كلماتِه، حتى نطقَ عمرُ بأفضلِ ما نطقَ به في حياتِه، لقد طلبَ أن يلقَى الرسُول العظيم كي يعْلِن إسلاَمه، فقال له خبابٌ والفرحَة تملأُ نفسَه:

- هو في بيتٍ عندَ الصفَا ومعه نفرٌ منْ أصحَابِه(١).

(١) سيرة ابن هشام - جـ ١ - ص ٢٨٦.

## اللقاء.

أسرعَ عمرُ في السيرْ حتَّى وصل إِلى الدار التي يوجد فيها الرسول وجد على البابِ حمزةَ بنَ عبدالمطلب، عم الرسول العظيم، وكان مشتهراً بالقوة أيضاً، كان معه على الباب طلحة وآخرون، كانوا يقِفُون في مكانِهم هذا، مدافعين عن الرسُول بأرواحهِم يردُّون عنه أذَى المشركين، فلما َرأى حمزة وأصحابُه عمر خافوا منه، فقال حمْزة:

- نعمْ فهذا عمر فإِنْ يرد اللهُ به خيراً يسلمْ ويتبع النبيَّ ﷺ وإِن يردْ غيرَ ذلك يكنْ قتلُه علينَا هيِّناً.

هو عمرُ لقد رأَه وتأكَّد منه، ولكنَّه لن يتسرَّعَ في اتخاذِ القرارِ إِنه ينتظرُ فإِن كانَ قد جاءَ مسْلماً، قد أرادَ الله له الخيرَ يتبعِ الرسُول وإِن كان قدْ جاء لشيءٍ غير ذلك، يكونُ قتلُه سهْلاً عليه، وحمزةُ المؤمنُ القويُّ الصلْبُ، قد علَّمُه إِيمانُه أن ينتظرَ قبلَ أن يتصرَّفَ أن يتثبت ، ولكن يعد نفسَه للاحتمَالين، يواجُه الموقفَ بكلِّ أبعادِه، بما يحتمِله من خيرٍ، بل ويقدمُ الخيرَ، ولكنَّه مستعدٌّ لغيره.

أما الرسُول فإِنه كان في داخلِ الدارِ، ينزلُ الوحيُ عليه، وخرجَ الرسولُ العظيم، فوجدَ عمرَ واقفاً أمام الدارِ، فتقدَم منه، وهو لا يعلمُ بعدُ ما الأمرُ الذي جَعَلَه يأتي إِليهِ، فأمسكَ الرسُول العظيم الشجاعُ بمجامعِ ثوبِ عمرَ، وحمائِل سيفهِ فقال:

- أَمَا أنت مُنْتَهٍ يا عمرُ حتى ينزِل اللهُ بكَ من الخزْي والنكالِ ما أنزلَ بالوليد بنِ المغيرة؟ اللهمَّ هذا عمرُ بنُ الخطابِ اللهمَّ أعزَّ الدينَ بعمرَ بنِ الخطابِ(١).

إِنها عظمةُ وشجاعةُ الرسُول العظيم يسرعُ بلقاءِ عمرَ ويقتربُ منه بل يمسكُ بملابسِه، ويحدثُه وجهاً لوجهٍ، يقولُ له أمَا ينتَهي ويكُف عن عدائه للإسلامِ، قبلَ أن ينزلَ عليه اللهُ من العذابِ الشديدِ، ما يكونُ فيه خزْيٌ وعارٌ عليه مثلمَا أنزلَ اللهُ على الوليدِ بنِ المغيرة.

ويكررُ الرسُول العظيم دعاءَه، ويكررُه هذه المرَّة وهو أمامَ عمرَ نفسِه فلا يملكُ عمرُ إلا أن يقول:

أشهدُ أنكَ رسولُ اللهِ.

ويحققُ اللهُ أمنيَة رسُوله، ويجيبُ دعاءَه، ويكون إسلامُ عمرَ فاتحةَ خيرٍ على هذا الدين، وناصراً لرسُوله، ومعزاً للمسلمين، فماذا كانَ ترتيبُ عمرَ بينهُمْ:

## ترتيب عمر بين المسلمين.

يُروىَ أن إسلامَ عمرَ كانَ بعد إسلامِ ما يقربُ من أربعينَ رجلاً وامرأةً من

(١) العشرة المبشرون بالجنة من طبقات ابن سعد - ص ٦٠.

المسلمينَ، ولكنَّ الصحيحَ أن عمرَ أسلمَ بعد إسلامِ المئاتِ من الصحابةِ وذلك عند الهجْرة إلى الحبشةِ، ولكنه على عظَم جميعِ الصحابةَ، يظل نموذجاً فريداً مميزاً، وهكذا كانَ أصحابُ الرسولِ العظيم، لكلٍّ واحدٍ منهمْ شخصيته المميزَة، وتأثيرُه العظيم على الدعْوة، أما تأثيرُ عمر فيظهر في قولِ عبدالله بن مسعودٍ:

كان إسلامُ عمر فتحاً.

نعم لقدْ كانَ فتحاً عظيماً، وحزْناً وغماً وكَمَداً على المشركين، بلْ لقد قالوا بألسنتِهم بعد إسْلام عمَر:

- انتصف القوم منا(١).

فلقد أخذَ المسلمونَ بحقِّهم منهُم، لقدْ صارَ معهمْ رجلٌ، وأيُّ رجلٍ؟ إنه واحدٌ من كبارِ أهلِ مكةَ وأعظمهم وأشدِّهم قوةً، لقد تحولَ بثقلهِ من الكفرَ إلى الإيمانِ، إنه عمر الذي سيعوضُ المسلمين عما فعلهُ قبلَ إسلامهِ، وفي ذلكَ يقولَ عمرُ للرسُّول:

- واللهِ، لن أتركَ مكاناً جلستُ فيه بالكفرِ إلا جلستُ فيه بالإيمان(٢).

إنها القدرَة على العملِ حينمَا تجتمعُ فيمن يعتذر إلى اللهِ عمَّا فعلَه من

(١) العشرة المبشرون بالجنة من طبقات ابن سعد - ص ٦٠.

(٢) أحلى السمر في سيرة عمر - محمد إبراهيم سليم - ص ٢٦.

قبلُ، يعتذرُ عمَلياً بأن يقررَ ألا يتركَ مكاناً قد جلسَ فيه وهو كافر إلا ويذهبُ إليه بقولٍ وفعلٍ جديدينِ مختلفينِ تماماً عمَّا كانَ يفعلُ ويقولُ من قبلُ، لقدْ قررَ أنْ يذهبَ بعملِ الخيرِ، وقولِ الحقِّ، لقد قررَ أن يجهر بالإيمانِ والإسلامِ، وهو غيرُ خائفٍ من ردِّ فعلٍ منَ المشركينَ.

## عمر ينشر خبر إسلامه.

يرْوي عمر عما فعلَه في الليلةِ التي أعلَن فيهَا إسلامَه، وشهدَ الشهادتينِ أمام الرسُول العظيم فبعدَ أن فرحَ الصحابةُ فرحاً عظيماً، حتى لقد كبروُا اللهَ بصوتٍ عالٍ، وهبَّ عمرُ بمفردهِ ولنستمعْ إليه وهو يحكي عن نفسهِ:

– تذكرتُ مَنْ منْ أهلِ مكةَ أشدُّ عداوةً لرسولِ الله صلى الله عليه وسلم حتى آتيهِ فأخبْره أنِّي أسلمْتُ[1].

لله درك يا بن الخطاب، إنك تفكر في أشدِّ. أهل مكةَ بغضاً وكرهاً للرسُول العظيم حتى تذهبَ إليه، وتخبره بأنك أسلمت، يبحثُ في ذاكرتهِ عن أشدِّ الناسِ بغضاً للرسُول العظيم؛ لأنه سيكونُ أشدَّهم غيظاً لإسلامِ عمرَ فيقولُ عمر:

– قلتُ: إنه أبو جهل - وكان عمرُ ابناً لحنتمة بنتِ هشامِ بنِ المغيرَة - قال:

---

(١) خلفاء الرسول - خالد محمد خالد - ص ١٣٠.

فأقبلتُ حينَ أصبحتُ حتى ضَربتُ عليهِ بابَه. قال عمرُ: فخرجَ إليَّ أبُو جهلٍ فقالَ:

- مرحباً وأهلاً بابنِ أخْتي، ما جاءَ بكَ.

فقال عمر:

- جئت لأخبرَك أنِّي قد آمنتُ باللهِ وبرسُوله محمدٍ، وصدقتُ بما جاءَ به، قال عمرُ: فضربَ البابَ في وجْهي وقال:

- قبَّحك الله، وقبحَ ما جئتَ بِه.

يصدمُه عمرُ بالحقيقَة ويقولُ له إنه قد أتى إليه كي يخبرَه بأنه قدْ أسلَم وآمنَ باللهِ وبرسِوله، وصدَّق محمداً العظيم، فمن شدةِ غيظِ أبيِ جهلٍ لم يتمالكْ نفسَه، فأغلَقَ البابَ في وجهِه ودَعا عليْه من شدةِ الحقْدِ.

ولم يكتفِ عمرُ بذلكَ، بل راحَ يسألُ الناسَ:

- أيُّ قريشٍ أنقَل للحديثِ؟.

يريدُ منَ الناسِ أن يدلوه على واحدٍ منهمْ يكونُ ممنْ لا يحتفظونَ بسرٍّ قط، ولا يخفُون أمراً، بل يَعْملون على إذَاعته، فقالوا له:

- جميلُ بنُ معمرٍ الجُمحيّ.

فذهبَ إليه عمرُ بنفسه وقالَ له:

- أعلمتَ يا جميلُ أني قد أسلمْت ودخلت في دينِ محمد.

يستفزُّه عمرُ كي يخبرَ جميعَ الناسِ بالخبرِ، يقولُ له في صيغَة سؤالٍ هل علمَ بخبرِ إسلامِه، فإن لمْ يكن قد علِمَ فها هُو عمرُ بنفسِه يخبرُه به، فماذا فعلَ جميلُ بنُ معمرٍ هذَا؟

ما كادَ يسمعُ جميلٌ هذه الكلماتِ من فمِ عمَر حتى قامَ من فورِه، يجر ثوبَه لم يتمهَّل حتى ليناقشَه في كلماتِه، أو ليتأكد منْها، بل ذهَب إلى قريشٍ وهمْ في أماكنِ اجتماعهِم حولَ الكعبةِ فصرَخ فيهمْ، فاجتمعُوا حولَه، فقالَ لهم إن عمرَ قد خرجَ عن دينهِم، وعُمر خلفَه يكذبُه، ويخبرهُم أنهُ قد أسلَم، ودخلَ الإيمانُ قلبَه، إذ شهدَ أن اللهَ واحدٌ لا شريكَ له، وأن محمداً رسُوله.

فلمْ يتمالكْ كلُّ الحاضرينَ أنفسَهم.

## قريشُ تعذبُ عمرَ.

فثارُوا علَيه، يقاتلُونه، وهو يردُّ عن نفسِه الأَذى حتى أشرقتِ الشمسُ، وتعب عمر، فقَعَدَ ووقفُوا حولَه، يظنون أنهمْ بأفعالِهم هذه سوفَ يردونَه، أو يرجعُونه إلى دينهِم، أما هُو فلم يهتم بكل هذا بل قال لهم في ثبات وهدوءٍ:

إِنه يتحداهُم، يخبرُهم بأن يفعلُوا ما يخطرُ على بالهِم فلن يتخلّى عنْ دينه.

وبينمَا هُم كذلك إِذْ أقبلَ عليهمْ رجلٌ عجوزٌ فقالَ لهم:

- رجل اختارَ لنفسِه أمراً فماذا تُريدونَ؟ أترونْ بنيِ عدِي بن كعب يسلمون لكم صاحبهم هكذا.

يقولُ لهم إِنه قد اختار لنفسِه الإِسلامَ فماذا يريدُ الناسُ منه، وهو العزيزُ عند قومِه، فلن يتركوه لهمْ لذا يطلبُ من الناسِ أن يبتعدِوا عنه، ولكنْ هل رضيَ عمَر عن هذا الرجل الذي أنجاه من أيدِي المشركينَ إِنه ليَسأل عنْه بعدَ ذلك فيقُول:

- العاص بن وائِل، لا جَزاه اللهُ خيراً(١).

إِنه يدعُو عليْه لأنه أخرجَه من أيدِي هؤلاءِ، لأنه كانَ يودُّ أنْ يُعذبَ في سبيلِ اللهِ أكثرَ!.

---

(١) سيرة ابن هشام - جـ ١ - ص ٢٩٨، ٢٩٩.

# الفصل الثاني

# الفـــــــاروق

## بين الرسول وعمر:

قال عمرُ لرسُول الله:

- يا رسولَ الله، ألسنَا على الحقِّ إن متْنا وإِن حَيينَا؟.

قال الرسُول:

- بلى والذي نفسِي بيدِه إِنكُم علَى الحقِّ إن متمْ وإِن حييتُم[1].

فعادَ عمرُ يقول:

- فَفيمَ الاختفاءُ؟!، والذي بعثَك بالحقِّ لتخرجنَّ.

يسـأل عـمـرُ الرسولَ عنه وعن دعوتِه، أليْسَت دعوةُ الحقِّ؟ والرسُول وأصحابهُ الكرامُ على الصَّوابِ إن عاشُوا، وإن ماتُوا، ويجيبُه الرسُول موافقاً على كلماتِه، فيجيءُ منطقُ عمرَ واضحاً قوياً، فلماذَا يكتُم الصحَابة خبرَ اجتماعاتهم، ويحرصُون علَى أن تكون دعَوتهم إِلى اللهِ في السِّر؟، ثم يقسمُ باللهِ الذي أرسَل رسُوله بالحقِّ إِلى الناسِ ليخرجنَّ بدعوتهم أمامَ جميعِ المشركين.

---

(١) أحلى السمر في سيرة عمر ـ محمد إبراهيم سليم ـ ص ٢٧.

ووافقَ الرسُول العظيم عمَر على رأيه، وخرجَ المسلمونَ في صفينِ ودخلُوا المسْجد وعلى رأسِ كلِّ صفٍ، في مقدمتِه صحَابيٌّ جليلٌ، قويٌّ حمزةُ بن عبدالمطلب وعمرُ بنُ الخطاب ونظرتْ قريشٌ فرأت المسلمينَ يخرجُون إلى المسْجد، وهم لايستطيعُون التعرُّضَ لهمْ، لأنهمْ يخافُون عمرَ وحمزةَ فأصابتهْم كآبةٌ شديدةٌ، لم تصبهمْ مثلُها من قبلُ.

## الفــاروق.

لقد كانَ المسلمونَ قبلَ إسلام عمرَ لا يستطيعونَ الصلاةَ في المسجدِ الحرامِ، حتى أسلَم عمرُ فكانَ إسلامُه فتحاً لهمْ، إذ استطاعُوا للمرةِ الأولىَ أنْ يصلُّوا فيه، فقالَ الرسول العظيم:

- إن اللهَّ جعلَ الحقَّ على لسانِ عمرَ، وهو الفارُوق فرقَ اللهُ بهِ بينَ الحقِّ والباطلِ(١).

ويصفُ الرسُول عمرَ فيقولُ إن اللهَ قد أجْرى الحقَّ على لسانِه وقلبه وهو الفاروقُ الذي فرَّق اللهُ به بين الحقِّ والباطلِ، وهكذَا لازمَ هذَا اللقبُ عمرَ طوالَ حياتهِ لأنهُ صادرٌ عنِ الذّي لا ينطقُ عن الهوى، ولا يقولُ إلا صدْقاً، عن الرسُول العظيم؛ ولأنه استحقَّه عن جدارةٍ بعظيمِ فعلهِ بعدَ إسلامهِ وحسنِ مشورتهِ للرسُول.

(١) العشرة المبشرون من طبقات ابن سعد - ص ٦٢.

## هجرة عمر.

وبعدَ ثلاثةَ عشرَ عاماً من الدعوةِ إلى اللهِ في مكةَ، عانى فيها الرسُول العظيم وتحملَ من الأذى الكثيرَ، وتحملَ الصحابةُ في سبيلِ اللهِ المشقةَ والعذابَ من كفارِ مكةَ، أذنَ اللهُ لدينه بالانتشارِ، ولرسوله ولصحابته بالهجرةِ إلى مكانٍ آخرَ، فيه تفتحُ صفحةٌ جديدةٌ لدينِ اللهِ، ويشعُر كلُّ الصحابَة بالأمانِ، وكانتْ هجرة الرسُول العظيم وصحابته إلى يثربَ التي سميتْ بعدَ أن ذهبَ الرسولُ وصحبهُ إليها المدينة المنورة.

وبدأ أصحابُ الرسُول العظيم يخرجُون، مهاجرين، وكانتْ هجرَة عمرَ نصراً، كما كانَ إسلامُه فتحاً، فإن كانَ كلُّ الصحَابة قد خرجُوا مستخفينَ فإن عمرَ قد خرجَ على مرأى ومسمعٍ من جميعِ المشركينَ، فلقد اصطحبَ سيفَه، وركبَ فرسَه، وأمسك في يدِه بسهمٍ، وخرجَ فلمْ يمضِ إلى المدينةِ مباشرةً، وإنما ذهبَ إلى الكعبَة فطافَ بهَا، وجميعُ المشركينَ ينظرون إليه، طافَ بها سبعةَ أشواطٍ، ثم جاء إلى مقامِ إبراهيمَ فصلَّى متمكناً في غير خوفٍ أو وجلٍ ثم قال للمشركين:

- شاهتِ الوجُوه، لا يرغمُ اللهُ إلا هذه المعاطس! من أراد أن تَثْكَلَه أمُّه، أو ييتَّم ولدُه، أو ترمَّل زوجهُ فليتبَعني وراءَ هذا الوادِي(١).

---

(١) أحلى السمر في سيرة عمر - محمد إبراهيم سليم - ص ٢٣.

إنه ليتحدَّى المشركينَ جميعاً، وأين؟ في موقفٍ يهاجرُ فيه جميعُ المسلمينَ سراً، وفي أيِّ مكانٍ؟ في البلدِ الذي يسيطرونَ عليه، ولكنَّه عمرُ، القويُّ الشجاعُ في الحقِّ إنه الرجلُ الذي لا يخافُ طالما علمَ أنه على صوابٍ.

يتحداهمْ ويقولُ لهمْ في كلماتٍ مجلجلةٍ قويةٍ إنه على استعدادٍ لقتالِ ذلكَ الذي يُريد أن تفقده أمُّه، أو يفقدَه ولدُه، ويعاني مرارَة اليُتْم من بعدِ موتِ أبيهِ، وتعيشُ زوجتُه من بعدِه أرملة لا زوجَ لها، مَنْ أرادَ أن تفقده أمه، وزوجُه، وولده فليخرجْ خلفَ عمرَ وليطاردهُ، ليمنَعَهُ من الهجرةِ.

في قوةٍ قالَ عمرُ هذه الكلماتِ، ولم يستطعْ واحدٌ منَ المشركينَ أن يخرجَ خلفَه، وخرجَ عمرُ مهاجراً فكان الصحابيَّ الوحيدَ الذي هاجرَ علانيةً. وتبعَه بعضُ ضعافِ المسلمين فهاجرُوا معَه واحتموُا به.

## وصول عمر إلى المدينة.

ووصلَ عمرُ إلى المدينةِ المنورةِ سالماً، ولحقَ به بعدَ ذلك هوَ والذينَ هاجرُوا معه أهلُه وفيهمْ أخوه زيدُ بن الخطابِ وصهرُه زوجُ أختِه سعيدُ بن زيدٍ(١).

وفي المدينة آخى الرسُول العظيم بينَ المهاجرِين والأنصارِ، أي جعلَ كلَّ

(١) سيرة ابن هشام - جـ٢ - ص ٨٦.

واحدٍ منَ المهاجرينَ إلى المدينةِ أخاً لواحدٍ من الأنصارِ، أخاهُ في الدينِ، وهي أخوةٌ أسمَى وأرفعُ وأوصلُ من أخوة النسبِ فكانَ عمرُ بنُ الخطاب أخاً لمعاذِ ابنِ عفراء[1].

أما عنْ سكنِ عمرَ في المدينةِ فما كانَ إلا عن توجيهٍ من الرسولِ، فهوَ الذي خططَ لهُ وأمرَ عمرَ أن يقيمَ فيه، لعظمِ الدورِ الذي أحسَّ الرسُول العظيم أنَّ عمرَ سوفَ يؤدِّيه في نصرَة الإسلامِ والمسلمينَ.

## نصرة عمر للإسلام في المدينة.

وكان عمرُ عند علمِ النبيِّ العظيم به، فكانَ دائماً إلى جوارِه، ينصرُه ويعينُه على كيدِ المنافقينَ أولئكَ الذينَ ادعُوا الإسلامَ بألسنتهمْ، وقلوبُهمْ لاتزالُ على الكفْرِ، ولقدْ كانَ خوفُ هؤلاءِ من عمرَ شديداً لقوةِ إيمانهِ ولعنفهِ في الردِّ عليهمْ.

ولم يكنْ هؤلاءِ المنافقون همْ وحدَهم الذينَ عارَضوا الرسُول العظيم في المدِينَة، بلْ عارضَه أيضاً اليهودُ، وكانتْ جماعاتُ النصارَى تأتيه فتسْأله فيجيبُ، وينزلُ القرآنُ الكريم معلماً إياه، ومصدقاً له، وهذا موقفٌ آخر من مواقفِ عمرَ الجميلة، إذْ أتىَ وفدٌ من النصارَى إلى الرسُول فحاورُوه، حتى إذا ما بَيَّنَ لهمْ، ووضحَ أن الحقَّ معهُ، فضَّلُوا الانسحابَ، ولكنَّهم طلبُوا منه أن

---

(١) العشرة المبشرون من طبقات ابن سعد ـ ص ٦٤.

يرسلَ معهُم واحداً من الصحابَة كيْ يحكم بينهْم في أموالٍ اختلفُوا عليهَا، فلقدْ علمُوا صدقَ وأمانةَ أتباعِ محمدٍ العظيم، لذَا ارتضُوا جميعاً الحُكمَ الذي سيحكُم به الصحابُّي، فقالَ الرسُول العظيم لهم:

- ائتونِي العشيَّة أبعثْ معكمْ القويَّ الأمينَ.

حدد لهم الرسُول الميعادَ، الذي يرسِل فيهِ معهُم الصحابيَّ القويَّ في حكمِه، الأمين فلا يظلِم أحداً، فلما سمعَ عمرُ هذه الكلماتِ كان يقُول:

- ما أحببتُ الإمارة قطْ حبِّي إياها يومئذٍ، فرحتُ إلى الظهرِ مهجراً فلما صلَّى بنَا رسُول اللهِ ﷺ ثم نظَر عن يمينه وعن يسارهِ، فجعلتُ أتطاولُ له ليرانِي، فلم يزلْ يلتمسُ ببصرهِ حتى رأى أبا عبيدة بنَ الجراحِ، فدعَاه فقال:

- اخرجْ معهم فاقضِ بينهُم بالحقِّ فيمَا اختلفُوا فيهِ وأكملَ عمرُ قولَه:

فذهبَ بهَا أبو عبيدَة(١).

إنه حبُّ عمرَ للخيرِ، هو الذي جعلَه حينمَا استمعَ إلى جوابِ الرسُول العظيم على طلبِ جماعةِ النصارَى، وتحديدِه موعداً يحددُ لهمْ فيهِ صحَابياً قوياً أميناً يحكمُ بينهُم في أمورِ المالِ التي اختلُفوا عليهَا، إنه حبُّ الخيرِ ذلك الذي دفَعَ بعمرَ لأنْ يتوقعَ أنه هذا الصحابي، بل إنه استمرَّ مدَى حياته يقولُ بأنه لمْ يحب أن يتولَّى حكماً في حياتهِ حبَّه لأن يتولى القيام بهذَا الأمرِ

(١) سيرة ابن هشام - جـ٢ - ص ١٦٦.

لماذا؟ لأنه يريدُ أن يكونَ على خيرٍ كثيرٍ، لأنه يريدُ أن ينالَ ثواباً عظيماً من الله، لأنه يريدُ أن يتسَابَق في ماذا؟ في الإيمانِ، ويصلّي الرسُول العظيم ويسلمُ، ويروحُ عمرُ يطيلُ من نفسِه لعلَّ بصر الرسُول العظيم يقعُ عليْه فيختَار، فلما أن اختارَ الرسُول لهذه المهمَّة أمينَ هذه الأمة كما أطلقَ عليه الرسُول، فلما اختارهُ الرسُول، قالَ عمرُ بأن هذا الشرفَ قد نَالَه أبو عُبيدة قالَ ذلكَ وهو يغبطه على هذا الخيرِ الكثيرِ الذي نالَه، يغبِطه أي يَتَمنى أن يزيدَهُ اللهُ من الخيرِ، وأن يعطيه مثله، هكذا كان الصحَابة رضوانُ الله عليهمْ جميعاً تربوا حولَ الرسْول العظيم، فلمْ يتسابقُوا إلا علَى الخيرِ، وكان أحدُهم إذا سبقَ تمنواْ له التوفيقَ وانتظرُوا الخيرَ في مواقفَ أخرَى تاليةٍ.

## موقفُ عمر في غزوة بدر.

وفي العامِ الثاني من هجرةِ الرسولِ العظيم علمَ ﷺ أن قافلَة لقريشٍ عائدةٌ من الشامِ، قد حملتْ بألوانِ البضائعِ، ويقولُ أبو سفيان إِنَّها ستمرُّ بالمدينةَ لذلك قررَ أن يواجهها ليستردَّ بعضاً مما استولى عليهِ المشركونَ من مالِ وديارِ الصحابةِ في مكةَ بعدَ هجرتهمْ، ولما عَلم أبو سفيان بخروجِ الرسُول مشى في طريقٍ آخرَ لا يكونُ فيه قريباً منْه، ورغمَ ذلك فلقدْ خرجَ أهلُ مكَّة لحربِ الرسُول، فكانتْ غزوةَ بدرٍ ودارتِ المعركةُ فكان أول شهيدٍ فيها هو مهجع رُمي بسهمٍ فَقُتل، وكان خادماً لعمرَ بن الخطاب واستبسَلَ الرسُول وصحابتُه في قتال المشركينَ، وقال الرسول لصحابتهِ:

- إنِي قد عرفتُ أن رجالاً من بني هاشم وغيرهِم قد أخرجوا كرهاً ولا حاجَة لهم بقتَالنا، فمن لقي منكم أحداً من بني هاشمٍ فلا يقتلْه، ومن لقيَ أبا البختُري بن هشام بنِ الحارثِ بن أسد فلا يقتلْه؛ فإنه إنما أخرجَ مستكرهاً.

الرسولُ يخبرُ صحابتَه أنه قد عرفَ أن بعضَ الرجالِ من بني هاشم قد خرجوا لقتال المسلمينَ رغماً عنهُم، وعلى غيرِ إرادتِهِم، لذلك يأمرُ الرسُول أصحابَه ألا يقتل أحدُ المسلمينَ أحدَهم إذا قابلَه في الحربِ

## رأي عمر في أسرى بدر.

وبعد المعركَة صارَ لدى المسلمين من أسرى قريشٍ سبعونَ رجلاً، أولئك الذين استسلَموا من المشركين، وراح الرسُول يستشيرُ أبا بكر، وعمر ماذا يفعلُ في هؤلاء، فكانَ رأيُ أبِي بكر أن يأخذَ منْهم فديةً ـ مبلغاً من المال. يكون سبباً في قوةِ المسلمينَ، فيشترِي به سلاحاً مثلاً، ثم يتركهم الرسُول العظيم بعد ذلك، فلربما وفَّقَهم الله وهداهُم إلى الإيمانِ.

أما رأي عمرَ فقد كانَ قتل هؤلاء الأسْرى، فلم يكن أحدهم سوف ينتظر إن استطاع أن يقتلَ المسلمين، وأخذَ الرسُول برأي أبِي بكر فيما أشارَ به من الرحْمَة بالأسْرى وتركِهم مقابلَ المالِ، وحكم فيهمْ بهذا، غيرَ أن القرآن الكريمَ نزلَ موافقاً لرأي عمرَ بنِ الخطاب. إذ قال الله تعالى:

﴿مَا كَانَ لِنَبِيٍّ أَن يَكُونَ لَهُ أَسْرَىٰ حَتَّىٰ يُثْخِنَ فِي الْأَرْضِ﴾ .

يقول الله بأنه كان ينبَغِي للرسُولِ وقد تملكَ من أسْرى بدرٍ أن يقتلَهم، لأنهُم حاربُوا دينَ اللهِ، ولقد كانَ رأْي أبي بكر جامعاً بين الرحمةِ بالمشركين والرفق بهم، وقد عاد المشركونَ إلى أهلِهم بالفعْل، ولا يعْني ذلكَ بحالٍ من الأحوال أن أبا بكر قد أخطأَ وإنما اجتهد في هذا الأمر، واجتهد معه الرسُول العظيم، والذي يجتهد في الإسلامِ فيوافق رأيُه الحقَّ فإن له عندَ الله أجريْن، ومن اجتهدَ ولم يوفقْه الله فله أجرٌ واحدٌ، ثم إن هذا كان أول موقف يتعرض له المسلمون في الحرب(١) .

## القرآن يوافقُ عمرَ في موقفين آخرين.

لم يكنْ أمرُ أسرَى بدرٍ هو الأمرُ الوحيدُ الذِي وافقَ فيهِ القرآن الكريم رأيَ عمرَ وإنما وافقَه أيضاً في موقفين آخرين.

فقبلَ إسلامِ عمرَ كان الصحابةُ لا يصلونَ في مقامِ إبراهيمَ فقال عمرُ للرسُول العظيم:

– يا رسولَ الله لو اتخذْنا من مقامِ إبراهيمَ مُصلَّى.

عمر يقترحُ على الرسُول العظيم أن يتخذَ من المقامِ مكاناً للصَّلاة،

---

(١) فقه السيرة ـ محمد سعيد البوطي ـ ص ١٧٦ ـ هامش (١).

فانتظرَ الرسُول العظيم ولم يجبْ، انتظرَ حكمَ اللهِ في هذا الأمر، وبالفعل نزلت آيةٌ بينةٌ من القرآنِ في سورة البقرة تقول:

﴿ وَاتَّخِذُوا من مَّقَامِ إِبْرَاهِيمَ مُصَلًّى ﴾ .

فهذا موضعٌ آخر وافقَ فيه رأيُ عمر حكمَ الله عز وجل ونزلَ بذلك قرآن كريم يقرأُ إلى يومِ القيامةِ.

وفي مرةٍ ثالثة قال عمرُ للرسول العظيم:

- يا رسُول الله: إن نساءك يدخُل عليهنَّ البرُّ والفاجرُ، فلو أمرتهُن أن يحتجبنَ.

فنزلَ قولُ الله تعالى:

﴿ وَإِذَا سَأَلْتُمُوهُنَّ مَتَاعًا فَاسْأَلُوهُنَّ مِن وَرَاءِ حِجَابٍ ﴾

والآيةُ في سورة الأحزاب، وفيها موافقةٌ إلهية لرأي عمر.

هذه المواقفُ، والكلماتُ الآلهيةُ العظيمةُ التي توافقُ رأيَ عمر، فيها من عظمةَ الإسلامِ الكثيرُ، فهذا الدينُ العظيم، يعلمُ الناسَ مبادئَه التي لا نجدُها في أيِّ دينٍ، ولا تقارنُ بقانونٍ من قوانينِ أهلِ الأرض، فها هو الله - عز وجل - يأمرُ رسُوله، بموافقة رأي عمر وذلك في قرآن يتلى إلى يوم الدين، فأيُّ رفعةٍ يحرصُ هذا الدين على أن يكسبها لأفرادهِ طالما أنهمُ على الحقِّ، وهناك موقفٌ رابعٌ جاءَ فيه القرآن برأي عمرَ بل وبكلماته نفسها:

إذْ حدثَ بين الرسُولِ العظيم، ونسائِه بعض الخلافِ واجتمعْن ـ وفيهن السيدةُ حفصَة بنتُ عمرَ فذهبَ إليهنَّ عمرُ وقال لهنَّ موضحاً عدمَ صحَّة موقفهنَّ:

– عسى ربُّه إن طلقكن أن يبدَله أزواجاً خيراً منكن.

يقول لهنَّ: إن الرسُول لو طلقهُن فإن الله سوفَ ينعمُ عليه بزوجاتٍ أخرياتٍ خيراً منهنَّ، وكان أن نَزَل القرآنُ برأْي ولفظ عمرَ فقال الله ـ عز وجل ـ في سورة التحريم:

– ﴿عَسَىٰ رَبُّهُ إِن طَلَّقَكُنَّ أَن يُبْدِلَهُ أَزْوَاجًا خَيْرًا مِّنكُنَّ﴾.

هذه المواقفُ تدلُّ على عظيمِ إيمانِ عمرَ ونقاءِ قلبه، وعلوِّ عقْله..

## الشيطان يسيرُ في طريق غير طريق عمر.

ولهذه الأسبابِ التي اجتمعتْ لعمرَ، قال له الرسُول العظيم:

– «يا بن الخطابِ، والذي نفسِي بيده ما لقيكَ الشيطانُ سالكاً فجاً قط إلا سلكَ فجاً غيرَ فجِّك»(١).

يخبر الرسولُ عمرَ بأن الشيطانَ الرجيم الذي يحاولُ أن يغوي المؤمنين

(١) صحيح البخاري ـ كتاب فضائل الصحابة ـ حديث رقم ٣٦٨٣.

ويبعدهُم عن طريقِ ربهم، يخافُ من عمرَ ولا يجدُه ماضياً في طريقٍ حتى يهربَ منه إلى طريقٍ آخر.

إنها القوَّة والشدَّة حينَما يُستخدمَانِ في طريقِ الحقِّ والخيرِ، فيخاف الشيطانُ من عمرَ المؤمن حتى ليهربَ من طريقهِ!

وذلك لأن الرسول العظيم قال فيه:

- إن اللهَ جعلَ الحقَّ على لسانِ عمر وقلبه.

نعم يجري الحقُّ على لسانه وفي قلبه، لأنه حافظٌ لآياتِ ربه، ومدركٌ لكلماتهِ، ويحاولُ في كلِّ أمورِ حياتهِ أن يلتزِم بهَا، ولذلكَ كانَ الناسُ إذا أصابهم أمرٌ عظيمٌ قالوا:

- ألا أنزلَ القرآنُ على نحوِ مثلِ ما قالَ عمر(١).

## عمر إلى جوار الرسول.

كان أحبَّ مكانٍ إلى نفسِ عمرَ، وأفضله إلى قلبه، المكانُ الذي يكونُ إلى جوارِ المصطفىَ ﷺ، يجلسُ إليه، يستمعُ منْه إلى آياتِ القرآن الكريم، أو يقومُ عند بابهِ حارساً له، وبعدَ أن انتهتْ غزوةُ بدرٍ جمعَ الرسُول العظيم المشركينَ الذينَ قتلوا على أيدي المسلمينَ فجعلهُم في حفرةٍ واحدةٍ سميتْ

(١) مسند الإمام أحمد - جـ٢ - ٥٣ - ٤٠١ عن أحلى السمر في سيرة عمر.

القليب ولما علمَ مشركو مكةَ بذلكَ حزنُوا حزْناً شديداً حتى إن اثنين من كبار المشركين وهما: عُميْر بن وهب وصفوان بن أمية اتفقُوا على أن يذهبَ الأولُ ليقتلَ الرسُول العظيم ويقومَ الثاني على خدمَة أبنائه وأمورِ حياتهم حتى يعودَ. أخذَ عُميْر بن وهب سيفَه وخرجَ من مكةَ حتى وصلَ إلى المدينة وبينَمَا عمرُ مع بعضِ الصحابةِ يتحدثُون عن يومِ بدرٍ وما حدثَ فيه، إذا بعميرٍ قد أناخَ راحلتَه التي جَاء مسافراً عليها عند بابِ المسجدِ وهو متشحٌ سيفَه، فقالَ عمر.

– هذا الكلبُ عدو الله عميرُ بنُ وهبٍ. والله ما جاءَ إلا لشرٍّ. وهو الذي حرشَ بيننَا وحزرنا للقوم يوم بدر.

فور رؤية عمرَ للرجلِ علمَ الغرضَ الذي جاءَ لأجلهِ، علمَ ذلكَ بفراسَة المؤمنِ، وحسنِ بصيرتِه، فقامَ مسْرعاً فدخلَ على الرسُول العظيم فقال:

– يا نبيَّ اللهِ هذا عدو اللهِ عميرُ بنُ وهبٍ قد جاءَ متوشحاً سيفَه.

فقال الرسُول:

– فأدخِلَه عليَّ.

يطلبُ الرسُول من عمرَ أن يدخلَ عميراً عليه لكنَّ عمرَ المحبَّ للرسُول الشجاعَ، المدافعَ عنه، يقبلُ عليه حتى يأخذَ بحمَّالة سيفهِ فيجعَلها في عنقِ عميرٍ، وقالَ لرجالٍ يعرفُهم من الأنصَار:

- ادخلُوا على رسُول اللهِ ﷺ فاجلسُوا عنده واحذرُوا عليهِ من هذا الخبيثِ، فإنه غيرُ مأمونٍ.

إنه يوفرُ الحمايةَ الكافيةَ للرسولِ العظيمِ، يمسكُ بعميرٍ والسيفُ في رقبتهِ، ولا يرَى ذلك كافياً بل يُدخلُ عليه عدداً من الصحابةِ أيضاً عند الرسولِ، إنه عُمر يفدِي الرسُول بنفسهِ، ويخطط لتأمينهِ بكلِّ الطرقِ.

ويدخلُ عمرُ بِعُمَيْرٍ والسيفُ في رقبتهِ، فلما رآهُ الرسولُ قال له:

- أرسلْه يا عمر.

أي اتركْه يا عُمر، فتركهُ عمرُ امتثالاً لأمرِ الرسولِ، ثم قال الرسولُ لعمير.

- ادنُ يا عميرُ.

يدعوه الرسولُ لأنْ يقتربَ منه، فيقتربُ منه ثم يقولُ:

- انعمُوا صباحاً(١).

وبدأ الرسولُ العظيمُ في دعوةِ عميرٍ بالحسنَى، فأعلمهُ أن تحيةَ الإسلامِ هي السلامُ، تحية أهلِ الجنةِ ثم سألهُ عن سببِ مجيئهِ، فراح عميرٌ يراوغُ فيكذب، فأخبرَه الرسُول العظيمُ بالحقيقةِ وهي أنهُ قد اتفقَ وصفوانَ بن أمية على قتلهِ. وهنَا لم يتمالكْ عميرٌ نفسَه من الدهشةِ، وقالَ للرسولِ إن هذا

---

(١) سيرة ابن هشام - جـ ٢، ص٢٢٢.

الحديثَ لم يطلعْ عليهِ أحدٌ غيرهُما، ولقد عرفَه دونَ أن يخبره به أحدٌ من البشرِ، هنا آمن عميرٌ حينمَا رأى آيةً واضحةً لا تحتملُ الإنكارَ.

كل ذلك وعمرُ بنُ الخطابِ واقفٌ بالقربِ من عمَيرٍ يراقبُ الموقفَ في انتباهِ شديدٍ وحذرٍ وترقبٍ واستعدادٍ تامٍ لفداءِ الرسولِ بأعزِّ ما يملك، فلما استمعَ إلى عميرٍ وهو ينطقُ بالشهادتينِ فرحَ بإسلامهِ.

## دور عمر في غزوة أحد.

عزَّ على قريشٍ ما لاقتهُ منْ هزيمةٍ مرةٍ في غزوةِ بدرٍ فاجتمعَ كبارُها وقررُوا الانتقامَ لمنْ قتلوا من قومهمْ في رمضانَ من السنةِ الثانيةِ للهجرةِ، اجتمعُوا ولمْ يمضِ على تاريخِ هزيمتهمِ في بدرٍ عامٌ، فجمعُوا المالَ والسلاحَ والرجالَ، وسارُوا في شوال من العام الثالث يريدون المدينةَ ليحاربُوا الرسول من جديدٍ، واستشارَ الرسُول العظيم صحابتهُ، مع أن رأيه كان الانتظارَ في المدينةِ حتى يأتي الكفارُ إليها ولكنْ هناك من الصحابةِ من رأى غيرَ هذا فاستجابَ الرسولُ لرأْي صحابتهِ، وخرجَ معهمْ، حتى وصلُوا جبل أُحدٍ، وقرَّر أن يقاتلَ المسلمونَ المشركينَ وظهورهُمْ إلى الجبلِ، وذلك خوفاً من أن يلتفَّ خلفهُم عدوهمْ فيقتلهمْ على حين غفلةٍ منهمْ، أخذَ الرسولُ العظيمُ حذرَه وأمرَ خمسينَ من الرماةِ الماهرينَ أن يحمُوا ظهر المسلمينَ، وكانَ أمرُ الرسولِ واضحاً لهم:

ـ قومُوا على مصافكمْ هذه، فاحمُوا ظهورَنَا فإنْ رأيتمُونَا قد انتصرْنَا فلا تشاركونا، وإن رأيتمونَا نُقتل فلا تنصرُونَا(١).

إنّ الأمرَ واضحٌ وصريحٌ، موجه إلى الرماةِ، وعليهمْ ألا يتحرَّكُوا من أماكنهمْ ـ مهمَا حدثَ ـ سواء انتصر المسلمون أو انهزموا.

لكنَّ الرماةَ بعدَ أن خُيِّل إليهمْ أن المعركةَ قد انتهتْ، وبعدَ أن كانَ المسلمونَ منتصرينَ بالفعلِ قد تركُوا أماكنهمْ، وتخلَّوا عنهَا، نزلُوا كي يجمعُوا مع الجيشِ الغنيمَة، وعلمَ المشركونَ بأن ظهرَ المسلمينَ خاوٍ، فلا حمايةَ عليه، فالتفُوا عليهمْ، وأعملُوا فيهم القتلَ، بل وشاعَ بينهمْ أن رسولَ الله قُتل.

كانَ عُمر يقاتلُ قتالَ الأبطالِ لا يفترُ، حتى سمعَ هذه المقولَة فلم يعدْ يتمالكُ نفسَه، فجلسَ هو وبعض الصحابةِ حتى مرّ عليهمْ أنسُ بنُ النضر فقالَ لهمْ:

ـ ما يجلسكُم؟ قالوا قُتل رسول الله ﷺ، فماذَا تصنعُون بالحياةِ بعدَه؟ قومُوا فموتُوا على ما ماتَ عليهِ رسول الله ﷺ.

يتساءَل الصحابيُّ أنسٌ عن سببِ جلوسِ بعضِ الصحابةِ، فإن كانَ الرسولُ العظيم قد قُتل ـ كما أشيعَ ـ فما فائِدة الحياةِ من بعدِه؟ يُشيرُ عليهمْ

---

(١) طبقات ابن سعد ـ جـ ٢ ـ عن فقه السيرة ـ محمد سعيد البوطي ـ ص ١٨٥.

أن يقومُوا ليقاتلوا فيموتوا على الطريقِ المستقيمِ، فينالوا الشهادَة كما نالهَا الرسولُ العظيم ـ كما وصلَ إِليهمْ من أخبارٍ أما هو أي الصحابيُّ أنس بن النضر فلقد حاربَ المشركينَ باستبسالٍ حتى قُتل، واستُشْهدَ في سبيلِ اللهِ.

## كذب ادعاءِ الذين قالوا بوفاةِ الرسول.

قام عمرُ والصحابةُ يقاتلونَ ولم يمض وقتٌ طويلٌ حتى علمُوا كذبَ القائل بوفاتهِ ﷺ وما كان عمر وأبو بكر الصديق وعلي بن أبي طالب وطلحة بن عبيد الله والزبير بن العوام وغيرُهم من المسلمين يعلمونَ مكانَ الرسولِ حتى اتجهُوا إِليه مسرعينَ في مكانٍ يُسمَّى الشِّعب وأخذُوا يدافعُون عنه ويردونَ عنه أذى المشركينَ.

وبينمَا همْ على هذه الحالةِ إذ ارتفعَ بعضُ المشركينَ، فصعدُوا فوقَ الجبلِ، فكانُوا في موضعٍ عالٍ عن المسلمينَ، فقال الرسولُ العظيم:

– اللهم إِنه لا ينبغي لهمْ أن يعلُونَا.

الرسولُ يستنكرُ أن يكون المشركونَ في مكانٍ أعْلى من المسلمينَ، وهم الأحقُّ، لأنهمْ على دين اللهِ، همُ الأحقُّ بالعلوِّ من الكفارِ، فقامَ عمرُ وجماعةٌ من الصحابةِ، قاموا مسرعينَ، حتى أنزلوهمْ عن الجبلِ، والمسلمونَ هم الأعْلَوْن.

## عمر يردُّ على المشركينَ.

لكنَّ اللهَ كانَ قد قدرَ أمراً، أرادَ به أن يعلمَ المسلمينَ درساً في الطاعةِ واغترَّ المشركون بأنفسهمْ إذ ظنُّوا أنها المعركةُ الأخيرةُ، وأنهمُ انتصروا على المسلمينَ، فقامَ أبو سفيانَ ـ وكان لم يزل على كفره ـ فقامَ وقالَ:

– اعلُ هبَل

يدعُو هُبَل الصنم كيْ يظهرَ دينَه، فقالَ الرسولُ العظيم لعمرَ:

– قم يا عمرُ فأجِبْه، فقُل اللهُ أعلَى وأجَل.

يأمر الرسولُ العظيم عمرَ كي يردَّ على أبي سفيانَ بصوتهِ العالي الجهُوريِّ، فيقومُ عمرُ فيرد عليه قائلاً إن اللهَ أعلَى وأسمَى من هُبل، ذلك الصنم الذي يعبُدُه، ويريدُ منه أن ينصرَه. فلمَّا أسمعهُ عمرُ هذه الكلماتِ قام أبو سفيانَ ونادىَ: لنا العزَّى ولا عزَّى لكمْ.

فأمرَ النبيُّ المؤمنينَ أن ينادُوا: اللهُ مولانا ولا مولَى لكمْ.

ونادىَ أبو سفيانَ: أفيكُم محمدٌ؟

فأمرهم النبيُّ أن يسكُتُوا. ثم نادىَ: أفيكُم أبو بكر؟ فأمرهم النبي أن لا يجيبُوا! ثم نادَى أفيكمْ عمرُ؟ فأمرهم النبي أن لا يجيبُوا.

فقالَ أبو سفيانَ: أما هؤلاء فقدْ كفيتُمُوهم.

فأجابهَ عمرُ على الفور: إن الذينَ ذكرتهُم أحياءٌ وبقي لكَ ما يسوءكَ.

فقال أبو سفيانَ. يوم بيوم بدرٍ والحربُ سجالٌ.

فأمر النبيُّ المسلمينَ أن يقولُوا: لا سواء، قتلانَا في الجنةِ وقتلاكمْ في النارِ.

فنادىَ أبو سفيانَ: هلمَّ إليَّ يا عمرُ.

فقالَ الرسولُ العظيم: ائته فانظرْ ما شأنهُ.

وذهبَ عمرُ إلى حيثُ أبو سفيان، فقالَ له الأخيرُ:

- أنشدُك الله يا عمرُ، أقَتَلْنَا محمداً؟

فأجابَه عمرُ: اللهمَّ لا، وإنه ليسمعُ كلامَك الآن.

يجيبُه عمرُ بمنتهى القوَّة والثباتِ أن لا، فالرسولُ حيٌّ، ويسمع كلماتِ أبي سفيانَ هذه، فقال أبو سفيانَ:

- أنت أصدقُ عندِي من ابن قمِئة وأبر(١).

أبو سفيانَ المشرك لا يصدقُ قول ابن قمئة المشرك مثلَه، ويقولُ إن عمر أصدقُ لديهِ وأفضلُ منه قولاً، يقولُ أبو سفيانَ الحقيقةَ في هذا الموقِفِ لأنهُ يعلمُ أن أتْباع الرسُول العظيم لا يكذبونَ أبداً.

---

(١) سيرة ابن هشام - جـ ٣ - ص ٣٨.

وذكرَ الرسولُ عن هذه الغزوةِ أنها لن تصيبَ المسلمينَ حتى يأتيَ اللهُ بالفتحِ.

## من جهاد عمر في المدينة.

وكما كانَ عمرُ إلى جوارِ الرسُولِ العظيمِ في المدينةِ ينصرهُ ويدافعُ عنه استمرَّ بقية أعوامِه بها فحضرَ غزوةَ الخندقِ، بل خرجَ في ثلاثينَ رجلاً، وكانَ القائدُ عليهمْ لمحاربة هوازن بتربَةَ في شعبانَ من العامِ السابعِ للهجرَةِ.

وتمنَّى عمرُ أن يقودَ حملَة خيبر ويحملَ الرايةَ وكان النبي ﷺ أعطاهَا لعليٍّ هذه المرةَ واشتركَ عمرُ في هذه الغزوةَ بِكل شجاعةٍ وهكَذا استمرَّ عمر في المدينة المنورة، داعياً للخير، مقاتلاً في سبيل الله، ناصراً لدينه مساعداً لرسوله، سلماً وحرباً(١).

(١) العشرة المبشرون بالجنة ـ من سيرة ابن هشام ـ ص ٨٣، ٨٤.

# الفصل الثالث
# موقف عمر من صلح الحديبية

## الرسول يخرج إلى مكة لأداء العمرة.

وفي العامِ السادسِ من هجرةِ الرسولِ العظيمِ، أرادَ ﷺ أن يخرجَ بالمسلمينَ ليزورَ مكةَ حيثُ يطوفُ بالكعبةِ المشرفةِ، ويعتمرَ، فخرجَ بأصحابهِ مرتدينَ ملابسَ الإحرامِ، دليلاً على عزمهمْ عدم الحربِ.

لقد كان الحنينُ إلى مكةَ قد بلغَ بالرسولِ العظيم وصحابته الكرامِ أقصَى مدى لهمْ، فهاهُم في المدينةِ المنورةِ ست سنواتٍ، عاشوا خلالها بعيدينَ عن مسقَط رأسِهِم فلمَّا اقتربُوا من مكةَ دعَا الرسولُ العظيم عمرَ بن الخطابِ كي يسرعَ إلى المشركينَ يبلغهمْ الهدفَ الذي خرجَ من أجلهِ الصحابةُ فقالَ عمرُ:

« يا رسولَ الله إني أخافُ قريشاً علي نفسِي وليس بمكةَ من بنِي عديٍّ ابن كعبٍ أحدٌ يمنعني وقد عرفت قريش عداوتي لها وغلظتِي عليْها ولكنيِّ أدلكَ على رجلٍ أعز بها مني، عثمانَ بنِ عفانَ ».

عمرُ يعتذرُ في لباقةٍ عن القيامِ بهذه المهمةِ، فهو على قوتهِ وجرأتهِ وشدتِه، يقدرُ الأمورَ تقديراً صحيحاً، وهو يعلمُ أن قريشاً لا تحبُّه، وليسَ من قومِه أحدٌ في مكَّة يدافعُ عنه، ويحميه منْها، فهو لا يخاف من قريش إلاَّ أنه لا يريد القتال لأنه جاء معتمراً وهو إذْ يوضِّح حقيقَةَ موقفه يقترحُ على

الرسولِ العظيمِ صحابياً يقومُ بهذه المهمةِ فعمرُ ناصحٌ أمينٌ للرسُولِ العظيمِ يشيرُ عليه بالرأي الصحيحِ، وهو يرى أنه من الأفضلِ أن يرسل الرسولَ عثمانَ بنَ عفان.

وبالفعلِ عملَ الرسولُ بمشورةِ عمرَ فأرسلَ عثمانَ إلى أبي سفيانَ وزعماء المشركينَ مخبراً إياهمْ بالغرضِ الذي خرجَ لأجلهِ من المدينةِ المنورةِ(١).

وبعد ذهابِ عثمانَ انتشرَ خبرٌ يقولُ إن قريشاً قد قتلَتْه هو وأصحابه فجلسَ الرسولُ العظيمُ تحتَ شجرةٍ واتفقُوا على حربِ المشركينَ إن كان عثمانُ قد استشهدَ هو وأصحابه، وبايع الصحابة على ذلك، ولكن عثمانَ عاد هو وبقيةُ الرسلِ بعد ذلك وتأكدُوا عدمَ صحةِ هذا الخبر.

## قريش تطلب الصلح:

وأرسلَتْ قريشٌ سهيلَ بن عمرو فتحدثَ مع الرسولِ العظيم، وأرادَ الصلحَ مع الرسولِ، فلما حدثَه الرسولُ اتفقَا معاً على ذلك، ولم يبقَ سوى أن يكتبَ الرسولُ وسهيلٌ هذا الصلحَ، وكان الصلحُ في ظاهره يشكلُ بعضَ اللينِ والتنازلِ للمشركينَ عن أمورٍ جوهريَّة مثل:

١ـ تأجيل عمرتهمْ إلى السنة القادمة.

٢ـ يَرُدُّ المسلمونَ من أسلمَ ولا يردُّ المشركون من كفر.

---

(١) عثمان ذو النورين ـ محمد رضا ـ ص ص ١٩، ٢٠.

٣- لا يكتب في الوثيقة ﷽ وكذلك كلمة محمد رسول الله.

٤- إيقافُ الحربِ لمدة عشرِ سنواتٍ.

هنا ثارتْ نفسُ عمر لم يثُرْ على أمرٍ يمسهُ هو، بل لأمر يمس دينه ذهب إلى أبي بكر الصديق قائلاً له:

- يا أبا بكر، أليسَ برسولِ اللهِ؟

قال أبو بكرٍ: بلَى:

قال: أولسنَا بالمسلمينَ؟!

قال أبو بكرٍ: بلَى.

فعادَ عمرُ يقول: أوليسُوا بالمشركين؟!

فقال أبو بكرٍ: بلَى.

فقال عمرُ: فعلام نعطِي الدنيةَ في دينِنَا؟!

إن عمرَ يتساءل تماماً كما تساءلَ في مكةَ عن سببِ قبولِ المسلمينَ بألا يدعُو إلى اللهِ في العلانية في أولِ إسلامه، كذلك يتساءُل هنا، وهو يرَى - من وجهة نظره - أن قبولَ الصلحِ مع المشركينَ قبولٌ بالدنيةِ - بالأقلِّ - هنا يتدخل أبو بكر الصديقِ قائلاً:

« يا عمر الزم غرزه » .

فيأمرُ عمرَ أن يلزمَ حدودَ الطاعةِ لرسولِ اللهِ، فيتركهُ عمرُ وبنفسه ما بنفسِه من الثورةِ، ذلك لأنه عمرُ الشديدُ القويُّ لا يقبلُ أن يرَى دينَه إلا قوياً فيذهبُ إلى الرسولِ العظيم، ويقولُ له مثلَ ما قال لأبي بكرٍ الصديق؛ فيجيبُه الرسولُ:

ـ أنا عبدُالله ورسُوله، لن أخالفَ أمرَه، ولنْ يضيعَني!

ويردُّ الرسُول العظيم على عمرَ، يخبرُه أنه عبدلله، مرسلٌ من عنده ولقد أمرَه اللهُ بالصلحِ معَ قريشٍ؛ لذا فإنه لن يخالفَ أمر الله والله ـ عز وجل ـ لنْ يخذلَه، فالرسولُ لا يقيسُ الأمورَ بمقياسِ الناسِ، بل إنه ﷺ يعلمُ أن اللهَ من فوقهِ ناصرُه.

هنا يقولُ عمرْ:

مازلتُ أتصدق، وأصومُ وأصلِّي وأعتق، من الذي صنعتُ يومئذٍ، مخافة كلامي الذي تكلمت به، حتى رجوت أن يكون خيراً.

أما عن نفسِ عمرَ الحريصةِ على الإيمانِ، فإنَّها خافتْ من اللهِ ـ عز وجل ـ فأخذَ عمرُ يؤدِّي العبادةَ، ويشتَري العبيدَ ويعتقهُمْ في سبيل اللهِ، يتعبَّدُ وهو خائفٌ من كلامِه هذا، وهكذَا هي نفسُ المؤمنِ، نفسٌ تدلُّه على الخيرِ وتشجِّعُه على عَمله منتهزةً كل الفرص.

## شروط صلح الحديبية.

كانَ منْ شروطِ صلحِ الحديبيةِ: أن يرجعَ الرسولُ العظيمُ إلى المدينةِ المنورةِ هذا العام، ولا يعتمرُ، وأنه من جاءَ إلى الرسولِ العظيم، من قريشٍ مسلماً أعاده الرسولُ إلى قومِه ولم يقبلْه، ومن جاء المشركينَ من المؤمنينَ كافراً قبلُوه، قبلَ الرسولُ هذا الشرطَ، واختارَ الرجوعَ وكان الرسولُ العظيم يعلمُ أنه شرطٌ لا فائدةَ منه، ولكنْ بعد التوصُّلِ إلى هذا الاتفاقِ، جاء أبو جندلٍ بن سهيلٍ بن عمرو وهو ابن الرجلِ الذي اتفقَ مع الرسولِ العظيم على هذا الصلحِ، قد استطاعَ الخروجَ من قريشٍ وجاء إلى الرسولِ يريدُ الالتحاقَ بالمسلمين بعدما آمن فلمَّا رآه سهيل بن عمرو أبوه قامَ إليه فضربَ وجهَهُ، وأخذ كتفيهِ، فأمسكهُ منهمَا، ثم قال:

– يا محمدُ قد قضيتْ المعاهدةُ ـ تمت ـ القضيةُ بينِي وبينَك.

فقال الرسولُ العظيم:

– صدقت.

يقول سهيلُ بنُ عمرو للرسولِ، إن الأمرَ قد انتهى ولقد اتفقُوا على أنَّ من يأتِي من المشركينَ مؤمناً يُعادُ إلى مكةَ، وهذا هو أولُ من جاءَ الرسول فلقد انتهىَ الأمرُ، هنا أخذ سهيلٌ يجرُّ ابنَه جراً محاولاً إعادَتَه إلى مكةَ وهو يستغيثُ بالناس.

كان الصحابَة لا يشكونَ في كونهمْ زائرينَ لمكةَ مؤدينَ لشعائرِ العمرةِ هذا العام، قد تعلقتْ نفوسهمْ بهذا الأمر منذ خرجُوا من المدينَة، ورأوْا في الصلحِ شيئاً لا يرضيهمْ، وزادَ من حزنهمْ كلماتُ أبي جندلٍ هذه، نصحَهُ الرسولُ العظيم بالصبرِ وقال لَه:

- يا أبا جندل اصبرْ واحتسبْ، فإن اللهَ جاعلٌ لكَ ولمن معكَ من المستضعفين فرجاً ومخرجاً.

## كلماتُ عمرَ في هذا الموقف.

أما عمرُ فلقدْ وثبَ، يسيرُ إلى جوارِ أبي جندلٍ الذي جاء مؤمناً وهو يقولُ له:

- اصبرْ يا أبا جندلٍ فإنما همُ المشركونَ، وإنما دَمُ أحدهمْ دمُ كلبٍ.

وبينمَا هو يقولُ ذلكَ كانَ يقربُ السيفَ منْه، ويذكرُ بعد ذلكَ أنهُ قدْ قربَهُ منه لأنه:

كما يقول « رجوتُ أن يأخذَ السيفَ فيضربَ به أباه، فضنَّ الرجلُ بأبيهِ، ونفذتْ القضيةُ أرادَ لَه عمرُ أن يقتل أباه الكافرَ الذي يمنعُه من الإسلامِ، ولم يفعلْ الابنُ ذلك، فعادَ من حيثُ جاءَ. واستطاعَ أبو جندلٍ أن يفلتَ من يد أبيه ويتعاون مع أمثاله ممن أسلمَ وردهم الرسولُ، فقطعُوا الطريقَ على المشركينَ مما جعل المشركين يطالبونَ بإلغاءِ هذه الفقرةِ من بنودِ صلحِ

الحديبيةِ ويسمحونَ لمنْ أسلمَ أن يذهبَ إلى الدولَة الإسلاميةِ لتكونَ مسؤولة عنهمْ:

وعلى الرغمِ من موقفِ عمرَ بن الخطابِ والصحابَة من هذا الصلحِ وحزنهمْ إلا أن آياتِ القرآن الكريم جاءتْ واضحةً، فنزلتْ آياتٌ بيناتٌ من سورة الفتح تقول:

- ﴿ إِنَّا فَتَحْنَا لَكَ فَتْحًا مُّبِينًا ۝١ لِيَغْفِرَ لَكَ اللَّهُ مَا تَقَدَّمَ مِن ذَنبِكَ وَمَا تَأَخَّرَ وَيُتِمَّ نِعْمَتَهُ عَلَيْكَ وَيَهْدِيَكَ صِرَاطًا مُّسْتَقِيمًا ﴾ [الفتح].

يخبر الله الرسُولَ وصحابتَه أن هذا النصرَ إنما هو فتحٌ من اللهِ، سوف يتحققُ عما قريبٍ ولسوفَ يَرَى المسلمون ما يسرهُمَ.

وبالفعلِ لمْ يمضِ وقتٌ طويلٌ حتَّى خالفتْ قريشٌ شروطَ العهدِ، وبعدَ عامينِ فقط من هذا الصلحِ جاءَ النصرُ، والفتحُ المبينُ الذي تحدثَ عنه القرآنُ الكريمُ. عندمَا أذنِ اللهُ لرسولهِ، فخرجُوا يريدونَ مكةَ وهذه المرة فتَحَها اللهُ عليهمْ، فعادُوا إليهَا منصورينَ معززينَ مكرمينَ لم يسيلُوا قطرة دمٍ، ودخَلَ من يُريد الدخولَ في الإسلامِ بل دخلَ الناسُ في دينِ اللهِ جماعاتٍ كثيرةً.

وعلمَ عمرُ بنُ الخطابِ وبقيةُ الصحابةِ بُعْدَ نظرِ الرسولِ العظيم، حينمَا قَبِلَ في البدايةِ الصلحَ معَ المشركينَ.

# الفصل الرابع

# عمرُ يودعُ الرسولَ العظيم

## وفاةُ الرسُولِ.

وبعدَ فتحِ مكةَ، وبعدَ أنْ أدَّى الرسولُ العظيمُ مهمتهُ الجليلةَ، حيث دعا الناس إِلى الإِسلام، وهدَى جميعَهُم إِلى الإِيمانِ، قدَّر اللهُ وفاتهَ وذلك بعد ثلاث وعشرين سنةً قضَاها في الدعوَة إِلى اللهِ.

وانتشرَ الخبرُ الحزينُ، حتى لفَّ طرقاتِ المدينة المنورة، واستمَعَ إِليهِ عمرُ فوقفَ يقولُ:

– إِنَّ رجالاً من المنافقينَ يزعمونَ أن رسولَ الله تُوفِّي وإِنه واللهِ ما ماتَ ولكنَّه ذهبَ إِلى ربِّه كما ذهبَ موسى بنُ عمرانَ واللهِ ليرجعنَّ، فليقطعنَّ أيدي رجالٍ وأرجلهمْ زعمُوا أنه ماتَ»(١).

عمرُ الشديدُ الحب للرسولِ لا يصدقُ أنه قد ماتَ، ومن عِظم تأثيرِ الموقفِ يقولُ إِنه عائدٌ، وكان أبو بكر الصديق يزورُ أهلَه في «السنح» فلما عادَ واستمعَ إِلى كلماتِ عمرَ أمرهُ بالسكوتِ، فلم يتوقفْ عمرُ فحدثَ أبو بكر الناسَ، وهم يستمعونَ إِليه، فحمدَ اللهَ وأثنىَ عليه، ثم وضَّح لهمْ أنهمْ إِنما يعبدونَ اللهَ، وهو حيٌّ لا يموتُ ثم قرأَ عليهمْ قولَه تعالَى:

---

(١) الكامل في التاريخ ـ ابن الأثير. جـ٢ ـ ص ٣٢٣ – ٣٢٤ .

- ﴿ وَمَا مُحَمَّدٌ إِلاَّ رَسُولٌ قَدْ خَلَتْ مِن قَبْلِهِ الرُّسُلُ أَفَإِن مَّاتَ أَوْ قُتِلَ انقَلَبْتُمْ عَلَىٰ أَعْقَابِكُمْ وَمَن يَنقَلِبْ عَلَىٰ عَقِبَيْهِ فَلَن يَضُرَّ اللَّهَ شَيْئًا وَسَيَجْزِي اللَّهُ الشَّاكِرِينَ ﴾ .

فقال عمرُ:

- واللهِ ما هو إلا أن سمعتُ أبا بكر تلاهَا، فعقرتُ - دُهشْتُ - فلم أستطعْ التقدمَ أو التأخرَ، ما تقلني - تحملُني - قدمَاي، حتَّى هويتُ - سقطتُ - حين سمعتُه تلاهَا أن النبيَّ قد ماتَ(١) .

كان عمرُ سريعَ الرجوعِ إلى الحقِّ، فلما استمعَ إلى كلماتِ أبي بكرٍ أيقنَ أن الرسولَ العظيمَ قد ماتَ، ولعظمِ الخبر على نفسِه ولحبِّه للرسُول فلقدْ سقطَ لا تكادُ قدماه تحملانه، ومن فرطِ حزنِ عمرَ قال :

## عمر يرثي الرسولَ العظيم.

ووقفَ عمرُ يقولُ هذه الكلماتِ مودعاً بها أغْلَى الناسِ، وأعزَّهم عليه، وقفَ مودِّعاً الرسولَ فكانَ مما قالَ:

«بأبي أنتَ وأمي يا رسولَ اللهِ، لقد كانَ لك جذعٌ تخطبنَا عليْه، فلما كثرَ الناسُ اتخذتَ منبراً لتُسمعهمْ، فحنَّ الجذعُ لفراقكَ حتى جعلتَ يدكَ

(١) السيرة النبوية - ابن هشام - جـ٤ ص ٢٢٤ .

عليه فسكنَ، فأهلكَ أولى بالحنينِ إليكَ حينَ فارقتهمْ».

يقولُ عُمر إنه يفدِي الرسُول العظيمَ بأبيهِ وأمه، ولقد كان جذعُ الشجرةِ الذي يخطبُ عليهِ الرسولُ ويعظُ الناسَ، بعد أن استبدلَه ﷺ بالمنبرِ بعدمَا كثرَ الناسُ، كانَ الجذعُ يحنُّ إلى رسولِ اللهِ، بل وراحَ يبكي، حتى وضَعَ الرسولُ عليهِ يدَه. فكفَّ عن البكاءِ، واليومَ أهلُ الرسولِ وهمُ المؤمنونَ جميعاً لا يفارقونَه لفترةٍ من الوقتِ، وإنما يفارقونَه ما بقيِ لهمْ منَ الحياةِ. فهمْ أكثرُ حَنيناً إليه، وشوْقاً للقائه، وكيفَ لا يشتاقُون؟ وهو الذي قد اشتاقَ إليهِ حتى جذعِ الشجرةِ، وهمُ الذينَ افتقدوهُ ما بقيَ لهمْ من عمرٍ في الحياةِ.

واستمرَّ عمرُ في كلماتهِ التي ينْعي بها الرسُول العظيم، ويتذكرُ جميلَ صفاتهِ فكانَ مما قالَه:

«فلقدْ وُطئَ ظهركَ، وأدمي وجهُك، وكسرتْ رباعيتكَ، فأبيتَ أنْ تقولَ إلا خيْراً.. قلتَ:

«اللهمَّ اغفرْ لقوميِ فإنهمْ لا يعلمُون».

بأبي أنت وأميِّ، يا رسولَ اللهِ، لقد اتبعَكَ في قلَّة سنيكَ، وقصَر عمركَ مالم يتبعْ نوُحاً ـ عليه السلام ـ في كثرةَ سنِيه، وطولِ عمرِه، فلقد آمنَ بكَ كثيرٌ، وما آمنَ بِه إلا قليلٌ».

يصورُ عمرُ ما لاقاهُ الرسولُ العظيم، من عذابِ المشركين في سبيلِ دعوةِ

ربِّه فيقولُ: إِنه قد تحملَ الكثيرَ، فمْن غلظة قلوبهم أنهمْ قد مَروا فوقَ ظهرهِ الشريفِ، وضربُوه على وجههِ الشريفِ حتى سالَ منه الدمُ، وكسرتْ له رباعيةٌ - السن بين الثنية والناب - كل هذا والرسولُ العظيم صابرٌ محتسبٌ أجرَه وثوابهَ عند ربِّه، ولم يقل إِلاَّ خيراً، فلمْ يدعُ على الكفارِ بالعذابِ، وإِنما طلبَ من ربه - عز وجل - أن يغفر لقومهِ - وهم يعذبونهِ - طلبَ لهم المغفرةَ لأنهمْ لا يعلمونَ ورفضوا اتباعَ الطريقِ المستقيمِ.

ويفدِي عمرُ الرسولَ بأبيه ذلك الرسولُ الذي آمن بدعوته كثير من الناس في حياته رغم قصرها، إِذا وازنا ذلك بحياة نبي الله نوح - عليه السلام - إِذ مكث في قومه تسعمائة وخمسين عاماً فما آمنَ له إِلا القليلُ.

ويكملُ عمرُ كلماتهِ في وداعِ الرسولِ العظيم فيقولُ:

– بأبيِ أنت وأمِّي يا رسولَ الله، لو لـمْ تجالِس إِلاَّ كفْؤاً لك، لما جالستنَا، ولَوْ لمْ تواكلْ إِلا كفْؤاً لك لما واكلْتنا، ولبستَ الصوفَ، وركبتَ الحمَار وأردفْتَ خلفكَ، ووضعتَ طعامكَ على الأرضِ تواضُعاً منك».

يذكر عمرُ للرسولِ العظيم من الصفات ما جعلها نموذجاً يحتذيه المسلمون إِنها صفة التواضع حيث يبين أنه لو لم يجالس إِلا من يناسبُه من الناسِ لما جلسَ مع الصحَابةِ، ولو لمْ يأكلْ إِلا معَ من يكافئُة لما أكلَ معهمْ، ولكنَّه ﷺ كان عظيمَ التواضعِ، فلبسَ من الثيابِ الخشنِ، إِذ لبسَ الصوفَ،

وركبَ الحمَار، بل وجعَل من يركبُ خلفَه ووضعَ طعامَه على الأرضِ كل ذلك تواضعاً منه ﷺ(١).

## دور عمر في تولية أبي بكر الخلافَة.

ها هو عمرُ وفيرُ الخيرِ، كثيرُ الصفاتِ الحسنَة، يعودُ إلى مواقفهِ الإيمانيةِ العظيمةِ بعدمَا فُجعَ بوفاةِ الرسولِ لفترةٍ قليلةٍ، فبعدَ وفاةِ الرسولِ وصلتْ الأخبارُ أن الأنصارَ قد اجتمعُوا في مكانٍ يُسمَّى سقيفة بني ساعدة لاختيارِ أحدهمْ كي يتولّى الخلافةَ، فأسرعَ إليهمْ عمرُ ومعَهُ أبو بكر الصديق وأبو عبيدة بن الجراح، وبعد حوارٍ قصيرٍ قال أبو بكر:

– لقد رضيتُ لكمْ أحدَ هذين الرجلينِ عمرُ وأبو عبيدَة أمينُ هذه الأمة»(٢).

أبو بكر يرشح عمر أو أبَا عبيدةَ بنَ الجراح لخلافةِ المسلمينَ بعدَ الرسولِ العظيم، لكنَّه عمرَ العظيم يرشحُه أبو بكر للحكْمِ فيقولُ على الفورِ:

– أيكم يطيب نفساً أن يَخلف رجُلاً قدَّمَهُ النبي.

إنه في عظمةٍ شديدةٍ، عهدْناها منهُ، إنه عمرُ يذكِّرُ الحاضرينَ جميعاً أنهُ ما يجوزُ لهمْ أن يخالفُوا أمراً أمرَ به الرسولُ العظيمُ قبل وفاته إذ جعلَ أبا بكرٍ

(١) أحلى السمر في سيرة عمر - محمد إبراهيم سليم - ص ٣٥ .

(٢) الكامل في التاريخ - ابن الأثير، جـ٢، ص ٣٢٥ .

نائباً عنه في إمارَة المسلمين في موسِم الحجِّ، وكذلكَ قدَّمَه للصلاةِ بالناسِ حينمَا منعهُ المرضُ من إمامتهمْ، وتقدمَ عمرُ فبايعَ أبَا بكرٍ بالخلافةِ، فكانتْ أولُ يدٍ تبايعهُ، وبايَع بَعْد ذلك جميع الحاضرِين.

## عمرُ في خلافَة أبي بكرٍ.

وكما كان عمرُ مبايعاً لأبي بكر معترفاً بالفضل، كذلك عاشَ طولَ خلافتهِ للمؤمنينَ التي استمرتْ أكثرَ من سنتينِ، عاشَ إلى جوارهِ، مشيراً عليه بما يراهُ من رأيٍ صحيحٍ، ولما أحسَّ أبو بكر بقربِ أجلهِ، أخذَ يستشيرُ الصحابَة فيمنْ يوليهِ الخلافةَ من بعدهِ، ويوصِي له بِهَا.

## أبو بكرٍ يستشيرُ الصحابَة في الخليفة من بعدِه.

رأى أبُو بكرٍ أن أفضلَ الناس، وأنسبهُم لتولِّي الخلافةَ من بعدِه هو عمرُ ابن الخطابِ ولكنَّه أرادَ أن يستشيرَ الصحابة أيضاً كيْ لا ينفردَ بالرأيِ، لذلك دعَا عبدالرحمنِ بنَ عوفٍ وقالَ له:

- أخبرِني عن عمرَ.

فقالَ:

- يا خليفَة رسولِ اللهِ، هو - واللهِ - أفضلُ من رأيكَ فيهِ، ولكنْ فيه غلظة!.

إن عبدَالرحمن بنَ عوفٍ، أحدُ كبارِ الصحابةِ، وهو أحدُ المبشرينَ بالجنَّةِ حريصٌ على المسلمينَ، وعلى مصلحتهمْ، لذلك دعاهُ أبو بكرٍ أولاً، ولما سألَهَ عن عمرَ قالَ إنه عندِ رأي أبيِ بكر فيه وأكثر ولكنْ فيه غلظةٌ.

فقال أبُو بكرٍ:

ـ ذلكَ لأنَّه يراني رقيقاً، ولو أفضَى الأمرُ إليه لتركَ كثيراً مما هو عليه.

واستدعَى عثمانَ بن عفانَ، فقال:

ـ يا أبا عبدِالله، أخبرنِي عن عُمر.

قال:

ـ اللهمَّ إن علمي بِه أن سريرتهُ خيرٌ من علانيتهِ، وأن ليسَ فينَا مثلَه(١).

إذن عثمانُ يقولُ في عمر خيراً أيضاً ثم استشار أبو بكرٍ بقيةَ الصحابةِ فاطمأنَّ إليهِ وأوصَى بأنْ يخلفَه من بعدهِ.

## عمر يدعو لأبي بكر بالخير.

وتوفى أبو بكرٍ مساءَ ليلة الثلاثاء لثمانٍ بقين من جمادى الآخرة سنة

(١) أحلى السمر في سيرة عمر ـ محمد إبراهيم سليم ـ ص ٣٧.

ثلاثَ عشرةَ من الهجرةِ(١)، وكانَ أبُو بكر قد أوصَى السيدةَ عائشةَ ابنتَه بأنْ تعيدَ عبْداً كان يخدمه وقطعةً من القطيفَة إلى عمرَ بعد وفاته، وبذلك يكون قد فارَقَ الدنيَا، وليسَ لديهِ من مالِ المسلمينَ شيءٌ، فلمَّا سلمتِ السيدةُ عائشةُ العبدَ وقطعةَ القطيفةِ إلى عمرَ قال:

– رحمَ الله أبا بكرٍ لقد أتعبَ من جَاء بعدَه(٢).

لقد علمَ عمرُ من خلالِ هذا الموقفِ أن عليه أن يسيرَ على سيرَة سابقِه أبي بكرٍ في حرصٍ على العدلِ، وهو حتى بعدَ وفاتِه يعيدُ إلى المسلمين ما لدَيْه وهو شيءٌ بسيطٌ، وكان عمرُ الخليفةُ الجديدُ واعياً تماماً للدرسِ، جامعاً لأبعادهِ، وكيفَ لا وهو عمرُ بنُ الخطاب من فَرَّقَ اللهُ به بينَ الحقِّ والباطلِ ومن كان إسلامُه نصراً وهجرتْه فتحاً وإمارتُه رحمةً.

---

(١) العشرة المبشرون بالجنة من طبقات ابن سعد ص ٦٥ .

(٢) الكامل في التاريخ - ابن الأثير - جـ٢ - ص ٤٢٢ .

# الفصل الخامس

# أول مَنْ لُقِّب بأميرِ المؤمنين

## تولية عمر الخلافة.

وفي الليلةِ التاليةِ لوفاةِ أبي بكرٍ الصديق تولّى عمرُ بن الخطاب الخلافةَ تقبلها عمرُ وهو كارهٌ لها، ولولا أنَّ اعتذارهُ في هذا الظرفِ الحرجِ من حياةِ الأمةِ الإسلاميةِ، سيحاسب عنه أمام الله، لرفض عمر الخلافة، وهرب من الحكم، وتجمع الناسُ في المسجدِ كعادتهمْ ينتظرون ما سيقولهُ لهم الخليفةُ الجديدُ، ولما صعدَ عمرُ المنبرَ قال:

– أيها الناس.. إني قد وليتُ عليكم، ولولاَ رجاء أنَ أكونَ خيرَكم لكم وأقوَاكم عليكُم، وأشدكُم اضطِلاعاً بأمورِكُم ما توليتُ ذلك منكُم، ولكفَى عمرُ انتظارُ الحسابِ»(١).

تولّى عمرُ الخلافةَ، ولولا أنه يرجُو أن يكونَ خيرَ الناسِ للناسِ، وأقواهمْ عليهمْ في الخيرِ، وأشدهُم تحملاً لأمورهمْ لما تولاهَا ولكانَ قد كفاهُ أن ينتظرَ حسابَ اللهِ له على ما قدمَ في حياتِه، هكذا كانتْ كلماتُ عمر المؤمن، الشديدِ الحريصِ على ما يقربهُ من رضا ربه عليه، وهو الذي يعلمُ أنه محاسبٌ عن كلِّ المؤمنين يستعدُّ للخلافةِ بالحزمِ والرغبةِ في هدايةِ الناسِ إلى كلِّ ما ينفعهمْ.

---

(١) خلفاء الرسول، خالد محمد خالد، ص ١٤٣ .

## أميرُ المؤمنين.

كان اللقبُ الذي أُطلقَ على أبي بكر بعد توليهِ الخلافةِ «خليفةَ رسولِ الله» فلما جاءَ عمرُ قال الناسُ لعمرَ:

- خليفة خليفة رسول الله.

فقال المسلمون:

فمن جاءَ بعد عمرَ قيلَ له خليفةُ خليفةُ خليفةُ رسولِ الله، عليه السلام فيطولُ هذا ولكنْ أجمعُوا على اسم تدعونَ به الخليفةَ يُدعَ به من بعده من الخلفاء.

إِن الناسَ تريدُ اسماً يسمَّى به عمر، والخليفة من بعده، دون أن يطولَ عليهم الاسمُ، فقال بعضُ أصحابِ رسولِ الله:

- نحن المؤمنون وعمر أميرنا، فدُعِي عمر أميرُ المؤمنين.

وهو أولُ من سُميِّ بذلك.

## عمرُ أولُ من فعلَ هذه الأشياء.

وكذلكَ كانَ مِنْ أول الأشياءِ التي فعلَها عمرُ ولم يفعلْها أحدٌ من قبلِه:

١- أولُ من كتبَ التاريخَ الهجرِي:

وقد كتَبَه في العامِ السادس عشر من هجرَة الرسولِ العظيم، وكانَ ذلكَ

في شهر ربيع الأول.

٢- أولُ من جمعَ القرآن في المصحفِ:

وقد كانَ قبلَ ذلكَ متناثراً، فهو في قلوب الصحابةِ، ومكتوبٌ على أوراق الصحفِ، وجريد النخلِ، والعظامِ، فكان عمرُ أول من جمعهُ في الصحفِ، وقام عثمانُ بن عفانَ بعد ذلك بجمعِه في مصحفٍ.

٣- وهو أولُ من سنَّ قيامَ شهرِ رمضان:

وجمعَ الناسَ على صلاةِ التراويحِ في جماعةٍ، بعد ما كانُوا يصلونَها فرادَي، وكتبَ بذلك إلى المسلمينَ في البلدانِ المختلفةِ. وأحيا سُنتَها بأن تصلَّى إحدى عشرة ركعةً جماعةً بعد العشاءِ، وجعلَ للناسِ في المدينةِ المنورة قارئينِ للقرآنِ، واحداً للرجالِ، وآخرَ للنساءِ.

٤- وهو أولُ من ضربَ في الخمرِ ثمانينَ جلدةً:

فشاربُ الخمرِ لديه كمنْ زنَى، وكلاهُما كبيرةٌ، وكان عمرُ أولَ من عاقبَ على شربِ الخمرِ ثمانينَ جلدةً، وكذلك اشتدَّ على أهلِ المعصيةِ وأغلظَ عليهمْ.

٥- أولُ من عسَّ بالليلِ في المدينةِ:

كذلك كانَ عمرُ أولَ من عسَّ بالليلِ في المدينةِ، أي خرجَ ليستطلعَ

أخبارَ المسلمينَ بنفسِه، ويطمئنَّ أنهم في خيرٍ وسلامٍ وأمانٍ، ويوم أن وجدَ عمر في دارٍ صبْيَةً يبكونَ، راحَ يستطلع الخبر، وسألَ أمهمْ فقالتْ له إنها لا تجدُ ما تقدمُه لهمْ كيْ يأكلُوا، وعمر ـ دون أن تدري أنه هو ـ لا يفرض راتباً للصغارِ قبلَ أن يفطمُوا، ولا تجدُ في صدرِها لبناً كي ترضعَه لهمْ، فخافَ عمرُ من اللهِ خوفاً شديداً، وذهبَ بنفْسِه إلى بيتِ مالِ المسلمين وأيقظَ زوجهُ، وحملَ الدقيقَ على ظهرِهِ، وجلسَ بعدَمَا نامَ الناسُ يطهُو الطعامَ للأطفالِ الجياعِ، والسيدةُ تقول له:

– لأنتَ أحقُّ بالخلافَةِ من عمرَ.

نعمْ فعمرُ أحقٌ بالخلافةِ من عمرَ لأنه كان مثالاً وقدوةً في عدْله بين الناسِ.

٦– وهو أولُ من حملَ الدُّرَّةَ:

وهي عبارةٌ عن جلدةٍ كان يضربُ بها العصاةَ ضرباً خَفيفاً كي يلتزمُوا بأوامرِ اللهِ تعالَى، وقد قيلَ بعده:

– لدُرَّة عمرَ أهيبُ من سيوفكُم.

أي أنَّ الناسَ أكثرُ خوفاً منهَا حتَّى من السيوفِ.

٧– أولُ من استقضَى القضَاة في الأمصارِ:(١).

(١) العشرة المبشرون بالجنة من طبقات ابن سعد ص ٧١، ٧٢.

وكانُوا قبلَ ذلك يحكمونَ بين المتخاصمينِ في المدينةِ المنورةِ.

وليستْ هذه هي كلُّ أولياتِ عمرَ بل إنَّ له غيرَها، وقد عاشَ بين الناسِ كأنَّه واحدٌ منهمْ، سائراً بينهُم بسيرَةِ الرسول وأبي بكر الصديق، فلمْ يميز نفسَه عليهمْ بشيءٍ وحينَ أصابَ المسلمينَ عامٌ فيه قلَّ الطعامُ والخيرُ، حكم عمرُ على نفسِه فكانَ لا يأكلُ إلا الزيتَ، وكانَ يقولُ لبطنهِ حينما تحدثُ صوتاً من تأثيرِ كثرةِ تناوله:

قَرْقري أو لا تقرقري إنه ليس لك غيره حتى يحيا الناس»[1].

## الفتوحاتُ التِي تمتْ في عهدِ عُمر.

وزيادةً على النعيمِ والأمنِ الذي عاشَ فيه المسلمون نتيجَة حكمِ عمرَ وعدلِه بينهمْ، فتحَ الله على المسلمينَ في عهدهِ الكثيرَ من البلدانِ: العراق كله، وأذربيجان، وكور البصرة وأرضها، وكوَر الأهواز وفارس، وكوَر الشام ما عدا أجنَادين فإنها فُتحتْ في خلافةِ أبي بكر وكذلكَ فتح عمرُ كُوَر[2] الجزيرةِ والموصلِ ومصرَ والإسكندريةِ، وقُتِلَ عمرُ وخَيْلُه على الريِّ وقدْ فتحُوا أغلبَها.

---

(١) العشرة المبشرون بالجنة من سيرة ابن سعد، ص٩٩ .

(٢) كور: مدينة أو صقع.

## استشهادُ عمرَ:

وفي عهدِ عمر كثر الأعداءُ للإسلام، لما رَأوا ازدهارَه، وانتشاره وكانَ منْ هؤلاءِ رجلٌ يُدعىَ أبو لؤلؤَة المجوسيّ، وكان رجلاً خبيثاً في نفسهِ حَقَد على أميرِ المؤمنينَ انتقَاماً لملوكِ الفرسِ من المجوسِ، وكان عبْداً للمغيرَة ابن شعْبَة، فانتظرَ حتى دخلَ عمرُ في الصلاَة وطَعَنَه بخنجرٍ مسمومٍ ثلاثَ مراتٍ.

فكانَ ما قالَه عمرُ في هذه اللحظةِ:

- وكَانَ أمرُ اللهِ قَدَراً مقْدُوراً.

كانتْ هذهِ الكلماتُ هي التَّي نطقَ بها عمرُ في هذا الموقفِ العصيبِ كانتْ كلماتٌ من القرآنِ الكريمِ، ولقد كانتْ الصلاةُ صلاةَ الفجرِ، وأصرَّ عمرُ على إتمامهَا قائلاً:

- «الصَّلاة ولاحظَّ في الإسلامِ لمنْ تَركَ الصلاةَ».

وأصابَ القاتلُ بضعةَ عشرَ رجلاً من المسلمينَ وقيلَ إنه انتَحَر بعدها وجعلَ عمرُ يراجعُ نفسَه، ويدعُو ربَّه أن يرحَمَهُ، ولما أحسَّ بدنوِّ الأجلِ رفضَ أن يرشحَ أحداً للخلافةِ من بعدهِ، بل جمعَ ستة من الصحابة وأمرهم أن يختاروا من بينهم واحداً ليكون خليفةً للمسلمين. فاختاروا عثمان بن عفان رضي الله عنه وأمرَ الصحابةَ أن يدعُوا له بالمغفرَة.. رحمَه اللهُ على ما قدَّم للإسلامِ من كثيرِ خيرٍ.. وألحقنَا بهِ.

# الفهـــرس